Christine Wilde

MEIN ZWERG-HAMSTER

INHALT

WUSELIGE ZWERGHAMSTER 4

Gestatten: Zwerghamster 5
Aufregendes Wildlife 5
Geschichtliches 6
So erleben Zwerghamster ihre Umwelt 7
Zwerghamstereien 8
Kleine Hamster-Biologie 10
Die Arten 11
Spezial: Hybriden 12

EIN ZWERGHAMSTER SOLL'S SEIN? 16

Ein Zwerghamster für mich? 17
Prüfen Sie sich 17
Ein neuer Freund 19
Zwerghamster in Gruppenhaltung? 22
Spezial: Hamsterhaltung beenden 25

DIE KLEINE ZWERGENWELT 26

Home, sweet home 27
Variantenreich 28
Kleine Materialkunde 33
Buddeln und Bauen 36
Einrichtung 40
Abenteuerland 45
Spezial: Sommerhitze 50

ZWERGHAMSTER KENNENLERNEN 52

Der Zwerghamster zieht ein 53
Der Umzug 53
Freundschaft schließen 54
So sind Zwerghamster 55
Eigenarten 56
Zwerghamster unterwegs 57

GESUNDER SPEISEPLAN 62

Naturnah und abwechslungsreich 63
Basisinfo 63
Trockenfutter 63
Grün und saftig 66
Gesund und wichtig 68
Erlebnisfutter 70

LIEBEVOLL UMSORGT 72

Pflege und Gesundheitsvorsorge 73

Sauberkeit 73
Urlaub für Zwerghamster 74
Gesundheitsvorsorge 75
Der Tierarztbesuch 80
Zwerge gesund pflegen 83

NACHWUCHS 86

Zwerghamster-Kinderstube 87

1+1=90 87
Zucht 88
Kleine Zwerghamster erobern die Welt 91

SERVICE 92

Nützliche Adressen 93
Bücher und Zeitschriften 93
Klicks im Internet 93
Die Autorin 94
Schnell nachgeschlagen 95

Gestatten: Zwerghamster

Seit mehr als 40 Jahren erobern die flinken Zwerghamster die Herzen der Tierhalter. Was nicht weiter verwundert, denn jeder von ihnen ist eine große Persönlichkeit und hat seine kleinen Eigenarten und liebenswerten Macken.

Die vier am häufigsten gehaltenen Zwerghamsterarten unterscheiden sich in ihren Bedürfnissen und ihrem Charakter sehr voneinander. Da gibt es die eher bodenständigen, aber sehr flinken **Roborowski-Zwerghamster**, die kletterfreudigen und mitunter sehr albern anmutenden **Chinesischen Zwerghamster**, die besonders anhänglichen **Dsungarischen Zwerghamster** oder die neugierigen **Campbell-Zwerghamster**. Für jeden Geschmack ist der passende Hausgenosse dabei.

Die kleinen Nager haben alle eines gemeinsam: Man kann ihnen stundenlang bei ihren emsigen Tätigkeiten zuschauen. Sobald sie wach werden, huschen sie neugierig durch ihre kleine Hamsterwelt und erkunden jeden Winkel. Sie scheinen immer irgendetwas Wichtiges tun zu müssen, tragen Nistmaterial zusammen, sammeln Futtervorräte, dekorieren das Gehege um und nebenbei wickeln sie ihren Halter um die kleine Kralle, um so noch ein Leckerchen abzustauben.

Aufregendes Wildlife

Die wilden Verwandten der kleinen Einwanderer wohnen in Steppen, Halbwüsten und sogar in Sandwüsten. Ihre Heimat liegt in der Mongolei, Nordchina, Kasachstan, Sibirien und Korea. Die meisten Zwerghamster leben in der echten Steppe, wo es vor allem Gräser und Kräuter in großer Anzahl gibt, Bäume und Sträucher sind selten. Roborowskis sind vorwiegend in der Sandsteppe zu finden, welche noch karger und trockener ist.

Die Sommermonate in der Steppe sind trocken und mild warm, mitunter vertrocknen dann sogar die Futterpflanzen. Die Zwerghamster nutzen daher vor allem die Blütezeit im Herbst, um sich einen Futtervorrat für den Winter anzulegen. Diese Vorräte bestehen hauptsächlich aus Kräuter- und Grassamen. Die Winter sind relativ mild, dauern aber bis zu acht Monate an. Zwerghamster halten keinen Winterschlaf und müssen so auch im Winter nach Futter suchen. Sie bewegen

Nagen

Hamster besitzen als echte Nager vier ständig nachwachsende Schneidezähne, die sich durch das Zernagen der Nahrung und das Benagen von Ästen abnutzen. Die unteren Schneidezähne werden gut 1,5 cm lang und können mehr als nur zwicken, wenn der Hamster damit zubeißt.

Es gibt auch außergewöhnliche Farben, ein „sepiafarbener oder heller" Campbell mit roten Augen.

sich dabei vor allem unter der Schneedecke und legen dort regelrechte Gänge an.

Geschichtliches

Zwerghamster wurden erst in den 1960er-Jahren zu Forschungszwecken in Deutschland eingeführt. Vermutlich haben tierliebe Studenten und interessierte Biologen die Tiere dann privat gezüchtet und als Heimtiere bekannt gemacht. So machten auch die Zwerghamster den Umweg über die Universitäten – und seit Mitte der 1990er-Jahre ist ihr Siegeszug als Heimtier kaum aufzuhalten. Es gibt Schätzungen, nach denen genauso viele Zwerghamster wie Goldhamster in Deutschland als Heimtiere gehalten werden.

KUNTERBUNT

In den letzten Jahrzehnten werden zunehmend Zwerghamster in Farben gezüchtet, die nicht mehr ihrer Wildfarbe entsprechen. Vor allem die **Campbell-Zwerghamster** zeichnen sich durch eine große Farbenvielfalt aus, es gibt sie neben der grauen Wildfarbe auch in Creme, Gescheckt, Argentefarben, Schwarz, Weiß und noch mehr Farbvarianten mit schwarzen und roten Augen. Sogar der typische Aalstrich ist nicht mehr bei allen Farbschlägen vorhanden. Es gibt auch Varianten in der Fellstruktur wie beispielsweise das Satinfell, das allerdings sehr fettig und struppig aussieht. Auch die anderen Zwerghamsterarten gibt es in unterschiedlichen Farb-

Echte Hamster

Zwerghamster transportieren ihr Futter in ihren Backentaschen. Diese sind durch eine Haut von der Maulhöhle abgetrennt. Die Haut über den Backentaschen ist dehnbar, ein Hamster kann darin seine gesamte Tagesfutterration von gut einem Esslöffel verstauen.
Bei den meisten Zwergen reichen die Taschen fast bis zur Taille, bei Roborowskis sogar bis zu den Hinterbeinchen.

schattierungen, wobei alle Zwerghamsterarten mittlerweile in hellen Farben und teilweise in Reinweiß zu bekommen sind. **Dsungarische Zwerghamster** gibt es auch in Mandarin und Camel, beide Farbvarianten leiden allerdings an genetisch bedingten Gesundheitsproblemen wie Nierenleiden, Fettleibigkeit und Diabetes und sollten nicht weiter verpaart werden. Der **Roborowski-Zwerghamster** zeigt wenig Farbveränderungen, allerdings gibt es diese Art mittlerweile in helleren Schattierungen. Vor allem die helleren Zwerghamster haben häufig auch hellere Augen, von dunkel- bis hellrot.

So erleben Zwerghamster ihre Umwelt

Die Sinne der Zwerghamster sind optimal an ihren Lebensraum angepasst. Ihre Wahrnehmung unterscheidet sich sehr von unserer, deshalb fällt es uns Menschen manchmal schwer, das Verhalten unserer kleinen Mitbewohner zu verstehen.

Das Gehör: Hamster verfügen über Ohrmuscheln, die sie unabhängig voneinander in verschiedene Richtungen drehen können, um Geräusche besser zu orten. Sie nehmen besonders hohe Töne sehr gut wahr und hören auch Töne im Ultraschallbereich, die uns Menschen verborgen bleiben. Jungtiere rufen ihre Eltern mit schrill hohen Fieplauten. Diese können sogar von den meisten Fressfeinden nicht wahrgenommen werden. Zum Schlafen falten die kleinen Hamster ihre Ohren meist eng am Kopf zusammen, weshalb diese nach dem Aufstehen häufig ein wenig „zerknittert" aussehen.

Die Augen: Das Sehvermögen der Zwerghamster ist an ihre Dämmerungsaktivität angepasst. Sie besitzen relativ viele Stäbchen in den Augen. Diese sind für die Wahrnehmung von Helligkeit wichtig, und so können Hamster auch in der Dämmerung noch gut sehen. Allerdings haben sie nicht wie wir Menschen drei, sondern nur zwei Zäpfchentypen für das Farbensehen. Sie besitzen den S-Typ für Blautöne und den M-Typ für Grüntöne, es fehlt aber der L-Typ für das Rotsehen. Sie haben deshalb nur ein sogenanntes dichromatisches Farbensehen und nehmen Farben völlig anders wahr als wir. Es stimmt aber nicht, dass sie nur schwarz-weiß sehen, wie früher angenommen wurde. Ihre S-Zäpfchen reagieren, anders als beim Menschen, sogar auf UV-Licht.

Da Hamster Höhen schlecht abschätzen können, ging man früher davon aus, dass sie

„Was war das?" – aufgerichtet, mit hoch gestellten Ohren, wird Beunruhigendes wahrgenommen.

Wuselige Zwerghamster

kurzsichtig sind. Inzwischen wird die Meinung vertreten, dass sie als reine Bodenbewohner nie die Fähigkeit zur Abschätzung von Höhe entwickelt haben. Trotz allem können sie z. B. Fressfeinde in der Ferne erkennen.

Der Geruchssinn: Der Zwerghamster hat einen sehr ausgeprägten Geruchssinn und nimmt auch Gerüche wahr, die uns Menschen verborgen bleiben. Die Nase leitet ihn auf all seinen Wegen: Er erschnüffelt seine Nahrung, und bei der Partnerwahl bestimmt der Geruch des potenziellen Partners darüber, ob eine Paarung stattfindet oder die Tiere sich nicht mögen. Zwerghamster erkennen auch ihre Menschen am Geruch, darum sollte man auf Parfüm verzichten. Mit dem Sekret der Duftdrüsen am Bauch markieren sie ihr Revier, indem sie damit über den Boden rutschen. Diese Duftdrüsen sind vor allem bei den Männchen sehr ausgeprägt und können zur Paarungszeit unangenehm riechen.

Zwerghamstereien

Zwerghamster sind von Natur aus sehr neugierig. Georg Leithold erforscht Zwerghamster in der Mongolei. Er weiß zu berichten, dass in den Zelten der Nomaden, welche die Steppe bewohnen, sogar häufiger Zwerghamster über den Boden huschend zu sehen sind. Die meisten Zwerghamster haben weniger Scheu als viele andere Nager und manche entwickeln viel Geschick dabei, den Nomaden ein wenig Futter abzuluchsen. Es überrascht nicht, dass solche Tiere auch die Herzen der Heimtierhalter im Sturm erobern.

IMMER AKTIV

Obwohl Zwerghamster häufig zahme Hausgenossen werden, sind sie nicht auf den Menschen als Gesellschaft angewiesen. Das tägliche Leben eines Zwerghamsters ist in freier Wildbahn und in

Mit der Nase am Boden erschnüffelt der Hamster sein Futter.

einem artgerechten Zuhause angefüllt mit Verrichtungen, die erledigt werden wollen. Und genau das macht den Reiz der Zwerghamster aus: Sie sind viel unterwegs, wuseln im Gehege herum und lassen sich dabei ungeniert beobachten.

Nach dem Aufstehen sind intensive Fellpflege und häufig auch ein Sandbad angesagt. Natürlich müssen täglich die Reviergrenzen im Gehege abgelaufen und frisch markiert werden. Da Zwerghamster in freier Wildbahn dabei viele Kilometer zurücklegen, rennen sie dann auch gern einmal richtig los. Die Möglichkeit dazu bietet das Laufrad, in dem Hamster nachts gern unterwegs sind.

So können Sie hören, wie die kleinen Gesellen emsig in ihrem Bau arbeiten, lange bevor man sie am Abend zu sehen bekommt. Dann sind die Nager gerade dabei, ihre Futtervorräte im Nest zu belüften und umzuschichten. Nachdem sie ihr Nest verlassen haben, wird Futter gesucht, um die Vorräte weiter aufzustocken. Die kleinen Tierchen sammeln aber nicht nur Futter, gern nehmen sie auch jeden Tag frisches Nistmaterial mit und verwenden dann viel Zeit darauf, ihr Nest auszupolstern und umzuräumen.

ZEIT FÜR FREUNDE

In so einem ausgefüllten Hamsterleben ist also wenig Zeit für engere Beziehungen mit dem Menschen. Aber der Zweibeiner wird durchaus nicht nur als Futtergeber anerkannt, die meisten Zwerghamster nehmen sich gern hin und wieder die Zeit, sich mit uns zu beschäftigen. Allerdings ist die Aufmerksamkeitsspanne eines Hamsters dem Menschen gegenüber eher kurz. So kommen sie etwa gelegentlich vorbei und schauen, ob es ein Leckerchen abzustauben

Kleine Wühler

In der Dunkelheit orientieren sich Zwerghamster mit ihren Tasthaaren (Vibrissen) im Gesicht. Deren Haarwurzeln sind mit empfindlichen Nerven bestückt, die jede Berührung wahrnehmen. So können die Tiere erkennen, ob sie durch eine Öffnung passen.

Beim Graben erkennen sie durch den auf die Ballen ausgeübten Druck die Beschaffenheit des Untergrundes.

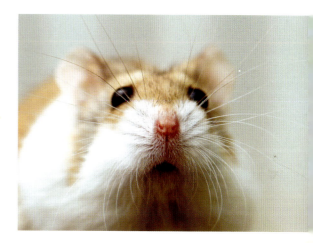

Die Nase ist das wichtigste Organ, mit ihr werden Freund, Feind und Futter erkannt.

gibt. Manche Hamster gewöhnen sich sogar an die Zeiten ihres Menschen und kommen rechtzeitig zur Tür, wenn sie Futter erwarten. Beim Auslauf werden manchmal Hände und Arme des Menschen gern erkundet und einige Hamster

Dieser Chinese hat gerade keine Zeit für seinen Menschen.

lassen sich sogar ein wenig kraulen. Inniger werden die Beziehungen zwischen Zwerghamster und Mensch jedoch meist nicht.

Kleine Hamster-Biologie

Alle Tiere werden von Biologen in Systeme eingeteilt, um sie besser unterscheiden zu können:
- Hamster gehören innerhalb der Klasse der Säugetiere zu der größten Ordnung, den **Nagetieren** *(Rodentia)*.
- Genau wie Ratten und Mäuse werden sie dann zur Unterordnung der **Mäuseverwandten** *(Myomorpha)* gezählt.
- Ihre eigene Familie ist die der **Wühler** *(Cricetidae)*, zu der auch Mongolische Rennmäuse *(Meriones unguiculatus)* gehören.
- Ihre Kategorie ist die der **Hamster** *(Cricetinae)*, dazu gehört auch der bekannteste Vertreter, der Goldhamster *(Mesocricetus auratus)*.
- Unsere Zwerge gehören zu den **Kurzschwänzigen Zwerghamstern** *(Phodopus)*, nur der Chinesische Zwerghamster gehört zu den **Langschwänzigen** oder auch **Grauen Zwerghamstern** *(Cricetulus)*.

Große Verwandte

Der größte Hamster ist der Feldhamster. Er kann bis zu 34 cm lang und 650 g schwer werden. Er wird nicht als Heimtier gehalten und ist in Deutschland vom Aussterben bedroht.

Die dann folgenden kleineren Hamster sind die Mittelhamster, zu denen der Goldhamster sowie der Türkische, der Rumänische und der Schwarzbrusthamster gehören. Sie können bis zu 18 cm lang und bis zu 200 g schwer werden.

Gestatten: Zwerghamster

Die Arten

DSUNGARISCHER ZWERGHAMSTER
(Phodopus sungorus)

Heimat: Dsungaren sind in den Steppen Kasachstans und Südwestsibiriens zu Hause.

Futter: Samen von Gräsern und Kräutern dienen ihnen als Hauptnahrung. Insekten und deren Larven gehören auch zum Speiseplan. Andere Pflanzenteile wie Blätter und Blüten werden in geringen Mengen verzehrt.

Wohnung: Sie legen verzweigte unterirdische und bis zu 1 m tiefe Baue an. Diese bestehen aus mehreren Gängen, einer Nistkammer, Abort und mehreren Vorratskammern.

Aussehen: Ihre natürliche Fellfarbe ist graublau, mit dunklem Rückenstrich (Aalstrich) und weißem Bauch. In der Heimtierhaltung gibt es nur wenige Farbmutationen. Im Winter färbt sich in freier Wildbahn ihr Fell weiß, in der Heimtierhaltung kommt es bisweilen auch zur ganzen oder teilweisen Umfärbung. Sie werden 9–10 cm lang und wiegen etwa 30–50 g.

Soziales: Vermutlich vermehren sie sich nur während der Sommermonate. Sie leben zeitweise als Paar zusammen, allerdings wird der Bock nach der Geburt aus dem gemeinsamen Nest vertrieben, er beteiligt sich nicht an der Brutpflege. Es werden vor allem Einzelgänger beobachtet. Mit ihrem Menschen können sie Freundschaften aufbauen und sind dann sehr verspielt und zutraulich.

HYBRIDEN

Campbell- und Dsungarische Zwerghamster könnten miteinander verpaart werden, allerdings ist das keinesfalls empfehlenswert. Der Unterschied der Y-Chromosomen sorgt dafür, dass männliche Tiere solcher Verpaarungen unfruchtbar sind. Hybriden können starke Schädigungen aufweisen. Die unterschiedliche Jungengröße kann gerade bei Dsungarenweibchen zu Geburtskomplikationen und zum Tod von Mutter und Jungen führen. Viele Hybriden neigen zur Diabetes (siehe S. 78). Einige Farbschläge haben genetisch bedingte Erkrankungen. Sie leiden z. B. unter dem sogenannten *Backflipping Syndrom*, bei dem die Tiere orientierungslos sind und häufig umfallen oder sogar rückwärts rollen, es scheint hier eine massive Schädigung des Innenohres vorzuliegen. Viele Hybriden leiden außerdem unter massivem Übergewicht.

Beide Zwerghamsterarten haben zudem sehr unterschiedliche Verhaltensweisen, Hybriden zeigen deshalb häufig abweichende Verhaltensweisen, sind mitunter sehr unsauber und rastlos. In freier Wildbahn würde es niemals zu so einer Verpaarung kommen, da beide Tierarten unterschiedliche Gebiete bewohnen.

Es wird davon ausgegangen, dass der überwiegende Teil der Dsungarischen Zwerghamster in der Heimtierhaltung Hybriden sind. Auch bei den Campbell-Zwerghamstern gibt es sehr viele Hybriden. Das bedeutet nicht, dass die Tiere zur Hälfte beide Arten sind, sondern es kann auch einfach sein, dass irgendwann in der Vergangenheit aus Unwissenheit einmal ein Tier der anderen Art eingekreuzt wurde.

Unterschiede zwischen Campbell und Dsungaren

Kopf: Während der Campbell einen eher spitz zulaufenden Kopf hat, ist der Kopf eines Dsungaren rund und etwas größer. Dsungaren haben größere und rundere Knopfaugen, die Augen von Campbell-Zwerghamstern sind etwas schmaler. Die Nasen der Dsungaren sind etwas feiner und kleiner als die der Campbells. Campbells haben größere, abstehende Ohren, die Ohren der Dsungaren sind kleiner, runder und haben eine Falte.

Körper: Campbell-Zwerghamster sind schlanker als die Dsungaren und lassen meist eine deutliche Taille erkennen. Bei wildfarbenen Campbells ist der Aalstrich dicker, das Fell länger und dünner und sie haben eine grau-braune Farbe mit hellem Bauch und tragen um die Nase einen weißen Bart. Dsungaren haben ein dichtes und kürzeres Fell, eine eher grau-blaue Fellfarbe und, anders als die Campbells, können sie ein weißes Winterfell bekommen.

Gestatten: Zwerghamster **13**

CAMPBELL-ZWERGHAMSTER
(Phodopus campbelli)

Heimat: Campbell-Zwerghamster sind in der Mongolei, Mandschurei, Nordchina bis ins südliche Zentralsibirien zu finden.

Futter: Samen von Gräsern und Kräutern sind ihre Hauptnahrung, dazu wird ein großer Anteil Insekten und deren Larven verspeist. Andere Pflanzenteile werden nur in geringen Mengen gefressen.

Wohnung: Sie legen nur einfache Baue bis in Tiefen von 30 cm an, die häufig nur aus Nestkammer, Vorratskammer und wenigen Gängen bestehen.

Aussehen: Die natürliche Fellfarbe ist graubraun mit weißem Bauch und dunklem Rückenstreifen. In der Heimtierhaltung gibt es sehr viele verschiedene Farbmutationen und sogar verschiedene Fellarten. Sie werden etwa 9–10 cm lang und wiegen zwischen 30–50 g.

Soziales: Campbells aus westlichen Gebieten betreiben eine gemeinsame Brutpflege und wohnen dauerhaft als Paar zusammen. Tiere aus östlichen Gebieten betreiben keine gemeinsame Brutpflege und leben ebenfalls als Einzelgänger. Dem Menschen gegenüber sind sie meist sehr aufgeschlossen und häufig verspielt.

ROBOROWSKI-ZWERGHAMSTER
(Phodopus roborovskii)

Heimat: In den sandigen Halbwüsten Kasachstans und Chinas sind die kleinen Roborowski-Zwerghamster zu Hause. Sie leben also als einzige Zwerghamster wirklich in Wüstengebieten.

Futter: Die Samen verschiedener Gräser und anderer Pflanzen sind ihre Hauptnahrung, Insekten stehen nur selten auf dem Speiseplan, sind aber sehr beliebt.

Wohnung: Ein fast waagerecht in kleine Hügel gegrabener Tunnel führt zu einer schlichten Nistkammer, die auch als Vorratskammer dient.

Aussehen: Ihr Rückenfell ist sandfarben, der Bauch weiß. Es gibt in der Heimtierhaltung nur wenige Farbmutationen. Sie haben keinen Rückenstreifen, dafür helle Flecken über den Augen. Es sind die kleinsten Zwerghamster. Ihr Körperbau ist rund, sie werden zwischen 6–9 cm lang und wiegen gerade mal 25–35 g.

Besonderheit: Ihre Fußsohlen sind dicht behaart, damit können sie besonders gut auf Sand laufen. Aufgrund ihrer völlig bodennahen Lebensweise sind sie ausgesprochen schlechte Kletterer.

Soziales: Vermutlich ziehen sie ihre Jungen zusammen auf und sind wildlebend sozialer als andere Arten. Dem Menschen gegenüber sind sie häufig etwas misstrauisch und nicht ganz so verspielt, eine Kontaktaufnahme ist mitunter nicht möglich. Nur wenige werden handzahm. Durch ihre ständig emsige Betriebsamkeit eignen sie sich aber toll zum Beobachten.

CHINESISCHER ZWERGHAMSTER
(Cricetulus griseus)

Heimat: Sie kommen vor allem in Südsibirien, der Mongolei, in Nordchina und Korea vor.

Futter: Chinesische Zwerghamster haben ein breites Futterspektrum, das Samen, Kräuter, Gräser, Getreide, Wurzeln und Insekten umfasst.

Wohnung: Im Sommer wohnen sie vorwiegend in schlichten unterirdischen Nistkammern, nur im Winter legen sie weit verzweigte Gangsysteme und Baue an.

Aussehen: Sie sind schlanker als die *Phodopus*-Arten. Sie erreichen eine Länge von 9–11 cm, wiegen dabei aber nur ca. 30–40 g. Ihre Deckfarbe ist grau-graubraun, der Bauch ist weiß. Sie haben ein längeres Schwänzchen von bis zu 2 cm, und im Sommer schwellen die Hoden der Männchen stark an.

Besonderheit: Chinesische Zwerghamster wohnen in Gebieten mit dichterer Vegetation. Sie klettern sehr geschickt und sehr gern.

Soziales: Chinesische Zwerghamster treffen nur zur Paarung zusammen und gehen dann wieder getrennte Wege, sie sollten also auf jeden Fall einzeln gehalten werden. Dem Menschen gegenüber sind sie zutraulich, aber sie sind flink und dadurch mitunter etwas schwer zu händeln.

Ein Zwerghamster für mich?

Auch wenn es auf den ersten Blick nicht so scheinen mag: Diese kleinen Tiere stellen an ihren Halter und ihre Umgebung sehr hohe Ansprüche. Daher sollte die Anschaffung eines Zwerghamsters vorweg gut überdacht und geplant werden.

Prüfen Sie sich

Bevor ein Zwerghamster Ihr Leben bereichert, ist es wichtig, gründlich zu prüfen, ob so ein Hamsterchen in Ihr Leben passt und ob Sie zu einem Zwerghamster passen.

- Die **Lebenserwartung** von Zwerghamstern liegt nur bei durchschnittlich 1,5–2,5 Jahren. Passt der Hausgenosse auch in ein oder zwei Jahren noch in Ihre Lebensplanung und können Sie damit umgehen, dass er Sie so bald wieder verlassen wird?
- Der **Zeitaufwand** für die Pflege des Zwerghamsters ist gering: Täglich sollten Sie etwa 30 Minuten einplanen, um Futter und Wasser zu reichen und die Toilettenecke zu reinigen. Großputz mögen die Tiere nicht, aber hin und wieder sollte auch Zeit für eine Teilreinigung des Geheges eingeplant werden.
- Im **Urlaub** oder bei schwerer Krankheit können Sie sich natürlich nicht um den Zwerghamster kümmern. Klären Sie am besten vorher ab, wer ihn dann versorgen könnte.
- Alle **Familienmitglieder** müssen mit der Anschaffung des neuen Haustieres einverstanden sein. Es ist abzuklären, ob keine **Allergien** gegen Tierhaare, Hausstaub oder gegen die Futtermittel des Hamsters vorliegen.
- Die regelmäßigen **Kosten** für einen Zwerghamster liegen bei etwa 15–20 Euro im Monat für Futter, Einstreu, Sand, Kräuter und Leckerchen. Allerdings können die Kosten erheblich steigen, wenn neue Einrichtungsgegenstände fällig werden. Wird der Hamster einmal krank, kann der Tierarztbesuch ebenfalls sehr kostspielig werden.

Passt du zu mir?

Ein Zwerghamster soll's sein?

- Nicht alle Zwerghamster werden richtig zutraulich. Manche möchten einfach keinen engeren **Kontakt zum Menschen** und bleiben zurückhaltend. Können Sie mit dieser Abweisung leben und das Tier trotzdem respektieren und gut versorgen?
- Sauberkeit ist dem Hamster in seinen eigenen vier Wänden zwar meist wichtig, aber die Umgebung seines Geheges wird häufig durch Einstreu und Staub **verschmutzt**. Wenn Sie also viel Wert auf eine sehr saubere Umgebung legen, sind Zwerghamster vielleicht nicht die richtigen Hausgenossen.

Diese Augen scheinen zu fragen: „Wollen wir für immer Freunde sein?"

ZWERGHAMSTER UND KINDER?

Zwerghamster sind nicht kuschelig und schwer festzuhalten. Sie eignen sich deshalb nicht für kleinere Kinder als Spielgefährten. Leben Kleinkinder im Haushalt, ist das Hamstergehege so zu sichern, dass die Kinder nicht ohne Aufsicht an das Tier kommen können. Kleinkindern fehlt die nötige Feinmotorik, um Hamster richtig festhalten zu können. Sie verstehen auch nicht, dass der Hamster tagsüber schlafen muss und würden das Tier wecken.

Kinder ab etwa vier bis fünf Jahren können bei der täglichen Versorgung des Hamsters helfen. Sie dürfen ihm gelegentlich ein Leckerchen geben, sollten ihn aber nicht aus dem Gehege nehmen dürfen.

Ein Zwerghamster für mich? **19**

Ältere Kinder ab acht bis zehn Jahren können dem Hamster Auslauflandschaften aufbauen und dürfen das Tierchen auch unter Aufsicht dort hineinsetzen.

Je nach Entwicklung und Charakter des Kindes kann es ab etwa zehn bis zwölf Jahren Zwerghamster selbstständig versorgen.

Das Hamstergehege gehört nicht ins Kinderzimmer, denn Staub und nächtlicher Lärm können der Entwicklung und Gesundheit des Kindes schaden. Der Lärm der spielenden Kinder am Tag stört den Hamster bei seinem natürlichen Schlafrhythmus. Die Versorgung des Zwerges muss immer von den Erwachsenen überprüft und ggf. auch übernommen werden.

ZWERGHAMSTER IM MIETRECHT

Selbst wenn die Kleintierhaltung laut Mietvertrag untersagt wäre, dürfen kleine Heimtiere wie Zwerghamster gehalten werden. Allerdings nur einzelne Tiere. Zur Einschränkung der Haltungserlaubnis in Mietwohnungen kann es kommen, wenn viele Tiere gehalten werden und dadurch andere Mieter beeinträchtigt werden. Dies kann beispielsweise durch eine verstärkte Geruchsentwicklung durch gebrauchte Einstreu geschehen oder wenn die Einstreumenge die Mülleimer so füllt, dass der Müll der Mitbewohner nicht mehr hineinpasst. In so einem Fall ist der Ärger mit anderen Mietern oder dem Vermieter nicht ausgeschlossen. Verpacken Sie die Einstreu sauber in fest verschlossenen Müllbeuteln und wenn sehr große Einstreumengen anfallen, dann entsorgen Sie diese am besten selbst über Mülldeponien.

Leichte Beute

Andere Haustiere können dem Zwerghamster gefährlich werden:
- **Die kleinen Nager passen in das Beuteschema von Katzen.**
- **Bei den meisten Hunden regen sie den Jagdtrieb an.**
- **Vögel könnten Hamster als Bedrohung ansehen und angreifen.**
- **Viele Reptilien wie Schlangen haben Hamster zum Fressen gern …**
- **Andere Nager und sogar Artgenossen werden von Hamstern als Feinde angesehen. Kleinere Nager werden angegriffen, größere Nager oder Kaninchen greifen die Hamster an.**

Ein neuer Freund

Schon die Entscheidung für eine bestimmte Zwerghamsterart fällt nicht ganz leicht. Die nächsten Schritte sind, zu überlegen, woher der neue Mitbewohner kommen soll und ihn dann auszuwählen.

Den Anbieter sollten Sie sehr genau überprüfen. Sie sollten kompetent und in Ruhe beraten werden und Zeit haben, sich Ihren neuen Hausgenossen auszusuchen. Grundsätzlich sollten große Gehege vorhanden sein, die mit artgerechten Laufrädern, Verstecken und Spielzeug ausgestattet sein sollten. Futter und Wasser sollten frisch sein und das Gehege nicht un-

Rassetiere wie diesen Satinhamster gibt es meist nur beim Züchter.

angenehm riechen. Die Abgabetiere sollten nach Geschlechtern getrennt sein. Kranke Tiere müssen immer separat untergebracht sein und werden normalerweise nicht abgegeben.

Nur keine Eile

- Wählen Sie Ihren Hamster in den Morgen- oder Abendstunden aus. Die meisten Hamster verschlafen die Mittagszeit, dann hätten Sie keine Gelegenheit, ihn kennenzulernen.
- Halten Sie ihm die Hand hin und schauen Sie, ob sie sich sympathisch sind.
- Führen Sie einen gründlichen Gesundheitscheck (siehe S. 75) durch.
- Nehmen Sie das gewohnte Futter und sein Nest mit nach Hause, damit er sich bei Ihnen gleich wohlfühlt.

Vom Tierschutz: In vielen Tierheimen, bei Vereinen, die sich auf Hamster spezialisiert haben und bei privaten Vermittlern warten viele ungeliebte Zwerghamster oder ungewollter Zwerghamsternachwuchs auf ein neues Zuhause. Fragen Sie also unbedingt bei den umliegenden Tierheimen nach, ob der passende Hamster dort vielleicht schon auf Sie wartet. Über das Internet sind auch Vereine und private Notaufnahmen in Ihrer Nähe leicht zu finden. Hier bekommen Sie Tiere, deren Alter, Charakter und bisherige Lebensgeschichte oft bekannt ist. Häufig sind bei privaten Vermittlern die Hamster durch den Kontakt zum Pfleger sehr gut sozialisiert.

Gerade für Anfänger kann es sinnvoll sein, erst einmal einen **älteren Zwerghamster** aufzunehmen. Der Charakter des Tieres ist gut bekannt, der Pflegezeitraum überschaubar und Sie tun ein gutes Werk, wenn Sie einem ungeliebten Tier eine neue Chance geben.

Aus Anzeigen: In großen Internetforen und Portalen sowie in Zeitungen werden viele Zwerghamster angeboten, manchmal sogar mit komplettem Zubehör. Ein Komplettpaket mit Hamster kann sich schnell als überteuert herausstellen, wenn das angebotene Zubehör nicht artgerecht oder das Hamsterweibchen trächtig ist. Die meisten in Anzeigen angebotenen jungen Zwerghamster stammen von zufälligen Vermehrungen. Die Hamstermütter wurden schon trächtig gekauft oder es wurde ein Zwerghamsterpaar erworben, das nun regelmäßig für Nachwuchs sorgt. Ältere Tiere werden oft abgegeben, weil sie nicht den Erwartungen entsprechen und nun kein Interesse mehr an ihnen besteht. Ein „abgeliebtes" Zwerghamsterchen aufzunehmen, ist sicher auch eine gute Möglichkeit, dem Tier ein neues Leben zu schenken.

Vom Züchter: Zwerghamsterzüchter inserieren meist in Zeitungen und im Internet. Achten Sie darauf, dass der Züchter nur wenige Tiere in artgerechten Gehegen hält, Sie die Zuchtanlage anschauen dürfen, die Eltern gezeigt bekommen und der Züchter Sie ebenfalls ausführlich und korrekt berät. Bei Züchtern bekommen Sie häufig Zwerghamster in ausgefallenen Farben oder Fellvarianten.

Vom Zoofachhändler: Zwerghamster gibt es in jedem größeren Zoofachgeschäft und sogar in den Zooabteilungen vieler Baumärkte. Häufig sind die Hamster im Geschäft sehr gestresst, da sie dort ihre Tagruhe nicht einhalten können. Sie kommen leider auch oft aus Massenzuchtanstalten und haben dort schon einen schlech-

Die Transportbox

- **Verwenden Sie für den Transport des Hamsters nur eine gut belüftete Box aus Hartplastik von etwa 20 × 30 × 12 cm.** Aus Kartons nagt sich ein Hamster schnell heraus. Auch kleine Gitterkäfige eignen sich als Transportbox, vor allem im Sommer sind sie besser belüftet als Boxen.
- **Die Box wird immer dick eingestreut und mit Nistmaterial versehen, damit der Hamster sich darin sicher fühlt. Futter und eine Gurkenscheibe dürfen nicht fehlen.**
- **Wird später mal eine Gehegereinigung fällig, kann der Hamster mit seinem Nest in der Box warten, bis Sie fertig sind. Die Box wird vielleicht auch im Notfall für einen Tierarztbesuch benötigt.**

Ein Zwerghamster soll's sein?

ten Start ins Leben gehabt. Die Tiere werden nicht selten zu früh von der Mutter getrennt, sind unterentwickelt und leider auch manchmal krank. Die liebevolle Hobbyzucht, von der häufig die Rede ist, kann meist nicht näher benannt werden und mitunter besteht die „Zucht" auch nur aus kleinen Käfigen in irgendeinem Hinterzimmer. Kaufen Sie Ihren neuen Hausgenossen also besser nicht dort, wo er am schnellsten und günstigsten zu bekommen ist! Eine gute Beratung findet nur in wenigen Märkten statt und nicht immer werden artgerechtes Zubehör und große Gehege angeboten.

In dem mit Aktivitäten gefüllten Hamsterleben ist wenig Platz für den Halter.

Schenken lassen: Lassen Sie sich bitte keinen Hamster schenken und verschenken Sie auch keinen Hamster. Die Chemie zwischen Halter und Haustier muss stimmen, deshalb sollten sich zukünftige Halter ihren Zwerg immer selbst aussuchen. Eine gute Geschenkidee ist ein Buch und dazu ein „Hamster-Gutschein".

Zwerghamster in Gruppenhaltung?

Sind Zwerghamster nun eigentlich Einzelgänger wie ihre großen Verwandten oder leben sie doch lieber in der Gruppe und brauchen sie Artgenossen? Diese Frage beschäftigt und spaltet Halter und Experten gleichermaßen.

Chinesische Zwerghamster: Nur vom Chinesischen Zwerghamster weiß man sicher, dass diese Art in freier Wildbahn nur zur Paarung zusammenkommt und dann wieder getrennte Wege geht. Wenn man Paare dauerhaft zusammen hält, stehen diese unter Stress und es kann zu Rangkämpfen kommen. Deshalb werden Chinesische Zwerghamster einzeln gehalten.

Roborowski-Zwerghamster: Sie leben zumindest zeitweise mit einem gegengeschlechtlichen Partner zusammen. Roborowskis betreiben auch gemeinsame Brutpflege.

Dsungarische Zwerghamster: Diese Tiere betreiben keine gemeinsame Brutpflege, die Paare finden oft nur für wenige Tage zusammen und trennen sich vor der Geburt der Jungen wieder.

Jungtiere bis zu vier Monaten können manchmal – nach Geschlechtern getrennt – noch in der Gruppe gehalten werden.

Campbell-Zwerghamster: Sie sind eine Besonderheit – in freier Wildbahn gibt es eine Ost- und eine Westform. Während die Westform gemeinsame Brutpflege betreibt, wird das bei der Ostform nicht beobachtet, hier kümmert sich nur das Weibchen um die Jungen und vertreibt den Bock aus dem Nest. Studien zeigten, dass Campbell-Zwerghamster, die längere Zeit als Paar zusammenlebten, ihren Partner vermissen, wenn dieser verstirbt oder aus dem Gehege genommen wird. Die Wundheilung verlief bei ihnen auch schneller als bei einzeln gehaltenen Tieren.

Einige *Phodopus*- Arten leben also zumindest teilweise in einer Partnerschaft. Allerdings sind sie sehr wählerisch und akzeptieren nicht jeden Geschlechtspartner.

Bei allen Zwerghamsterarten werden in freier Wildbahn auch immer viele Einzelgänger beobachtet. Es ist also für die Tiere vollkommen natürlich, allein zu leben.

Werden **Zwerghamsterpaare** dauerhaft zusammen gehalten, ziehen diese in regelmäßigen Abständen Junge auf (siehe S. 87). Dies ist in der Heimtierhaltung natürlich nicht gewollt. Die Kastration der Böcke könnte Abhilfe schaffen. Es ist aber ein komplizierter Eingriff und nicht alle Zwerghamsterweibchen akzeptieren einen kastrierten Partner.

Als Alternative wird versucht, Zwerghamster in **gleichgeschlechtlichen Gruppen** zu pflegen. Als **Jungtiere** vertragen sich Zwerghamster recht gut. Mit etwa 30 Tagen sollten sie nach Geschlechtern getrennt werden. Einige vertragen

Ein Zwerghamster soll's sein?

Er fühlt sich auch alleine sehr wohl.

sich aber schon dann nicht mehr und sollten getrennt werden, andere können noch etwa bis drei Monate in Geschwistergruppen zusammenleben. In der Zeit lernen sie voneinander und leisten sich friedlich Gesellschaft. Häufig kommt es allerdings in der Zeit schon zu den ersten Rangkämpfen. Selbst wenn die Hamster nicht kämpfen, zeigt sich häufig anhand von Krankheiten und Untergewicht, dass ein Tier unterlegen ist. Die Gruppen sollten dann in Zweiergruppen oder gleich in Einzeltiere getrennt werden.

Ausgewachsene Zwerghamster sollten nicht in gleichgeschlechtlichen Gruppen gehalten werden. Die Zwerghamster stehen in so einer Gruppe permanent unter Stress. Auch wenn sie kuscheln und gemeinsam im Nest schlafen oder intensive, gegenseitige Fellpflege betreiben, ist das nicht unbedingt ein Zeichen von Zusammengehörigkeit. Die Zwerghamster sind zu dieser Interaktion gezwungen. Ohne dieses Sozialverhalten und ohne gemeinsamen Rudelgeruch würden sie sofort aufeinander losgehen. Es kann bei gleichgeschlechtlicher Gruppenhaltung trotzdem natürlich jederzeit zu wirklich gefährlichen Rangkämpfen kommen. Selten erkennt der Halter rechtzeitig, dass eine Auseinandersetzung bevorsteht und hat die Chance, die Tiere zu trennen.

Singledasein

Ein Singledasein ist für die Heimtierhaltung von erwachsenen Zwerghamstern empfehlenswert.
In freier Wildbahn werden bei allen Zwerghamsterarten auch Einzelgänger beobachtet. Gleichgeschlechtliche Paarbindungen gibt es üblicherweise nicht.

Sepzial 25

HAMSTERHALTUNG BEENDEN

Ein ernstes Thema sollte hier auch Erwähnung finden. Trotz intensiver Vorbereitung kann es dazu kommen, dass die Haltung des Hamsters aus unterschiedlichen Gründen nicht mehr möglich ist. Viele Tierhalter stehen dann vor dem Problem, dass sie ihr Tier nicht einfach in fremde Hände geben möchten. Haben Sie den Hamster von einer speziellen Hamsterschutzorganisation, dann nehmen diese das Tier gern wieder zurück. Das Internet bietet heute auch viele Möglichkeiten, seinen Hamster in gute Hände zu vermitteln: Anzeigenmärkte, spezielle Foren für Hamsterhalter und Tierärzte können bei der Vermittlung helfen. Das ist sicher etwas aufwendig, aber so können Sie selbst sehen, wo Ihr Haustier in Zukunft leben wird und dass es ihm dort gut geht.

Leider kommen manche Tierhalter auf die Idee, dass sie ihrem Hamster die Freiheit schenken möchten, und sie setzen das Tierchen am Feldrand aus. Die Zwerge überleben das leider üblicherweise nicht, sie finden nicht genug Nahrung und verhungern, werden von Fressfeinden wie Katzen gejagt und gefangen oder erfrieren im Winter. Das Aussetzen kleiner Heimtiere führt also zu ihrem Tod und das wird wohl kein Tierfreund wollen. Selbstverständlich ist das Aussetzen eines Tieres auch nach § 3 Abs. 3 des Deutschen Tierschutzgesetzes verboten.

Gib mich nur in gute Hände ab!

DIE KLEINE ZWERGENWELT

Home, sweet home

Als Lebensraum für unsere Wühler eignet sich am besten ein interessant und naturnah gestaltetes Gehege, das schon vor dem Einzug geplant und fertiggestellt wird.

In seinem Gehege verbringt der Hamster sein gesamtes Leben, deshalb sollte es so groß sein, dass er darin seine natürlichen Verhaltensweisen ausleben kann. Vorratskammern, Schlafzimmer und Toilette sind nicht genug, auch eine interessante Futtersuche und die Möglichkeiten zum Laufen, Klettern und Entdecken müssen gegeben sein.

Je größer und interessanter das Gehege eingerichtet ist, umso mehr Spaß macht es, den Hamster darin zu beobachten. Studien haben gezeigt, dass ein Gehege für ein bis zwei Zwerghamster eine Grundfläche von mindestens 0,5 m² aufweisen sollte. Wünschenswert ist daher eine Größe von mindestens 100 × 50 × 50 cm. Allerdings ist es sehr schwer, auf dieser geringen Fläche wirklich viel interessante Einrichtung unterzubringen. Es reicht gerade eben so und das Minimum ist natürlich nicht das Optimum. Um richtig tolle Wohnlandschaften für den Zwerghamster zu gestalten, sollte das Gehege viel größer sein. Erst ab 1 m² Grund-

Mit Naturmaterialien lassen sich Gehege dekorativ gestalten.

fläche mit einer Höhe von 70 cm wird das Gehege zu einem tollen Lebensraum mit tiefer Einstreu, viel Abwechslung und allem, was so ein kleiner Zwerg sich zum Leben wünscht.

Variantenreich

Es gibt viele Möglichkeiten, das Zwerghamstergehege in die Wohnung zu integrieren. Vom einfachen Gitterkäfig mit interessanter Einrichtung über große Volieren und Glasterrarien bis hin zum aufwendigen Eigenbau ist alles möglich.

Gitterkäfig: Er besteht aus einer Bodenwanne aus Plastik, auf die ein Gitteroberteil aufgesetzt wird. Bei diesen Käfigen ist auf eine Querverdrahtung zu achten. Die Gitterstäbe sollten mit einer dunklen Farbe beschichtet sein, damit sie den Hamster nicht blenden und der Halter sein Tier gut beobachten kann. Früher wurde gern zu Chromgittern geraten, da Farbbeschichtungen abgenagt wurden. Moderne Pulverbeschichtungen sind allerdings absolut nageresistent und deshalb sind dunkle Gitter mittlerweile ungefährlich für das Tier. Das Gitter sollte an jeder Stelle des Geheges nicht weiter als 0,6 cm auseinanderliegen, sonst könnten vor allem Jungtiere und kleine Hamster wie Roborowskis sich leicht durch das Gitter quetschen. Vor allem an Türen und Ecken besteht trotzdem häufig Ausbruchsgefahr, da die Stäbe dort leicht verbiegen oder ohnehin weiter auseinanderliegen. Hier sollten die Stäbe zusammengebogen werden. Die Türen müssen so angebracht sein, dass der Hamster an jeder Stelle des Käfigs erreicht werden kann.

Die Höhe der Bodenwanne muss mindestens 15 cm betragen, damit sie hoch genug eingestreut werden kann. Für buddelfreudige Hamster reicht das aber dauerhaft nicht aus, der Käfig muss also so viel Platz bieten, dass eine große Buddelkiste hineinpasst. Vor allem Chinesische Zwerghamster fühlen sich im Gitterkäfig wohl, da sie gern klettern und in einem hohen Gitterkäfig Etagen und Klettermaterialien gut befestigt werden können.

Volieren: Volieren müssen mit durchgehenden Etagen versehen werden, denn tiefer als 25 cm sollte der Hamster nicht fallen können. Bei allen Volieren ist darauf zu achten, dass die Türen so angebracht sind, dass auch mit eingebauten Etagen alle Ecken vom Gehege gut eingerichtet und sauber gehalten werden können und der Hamster im Notfall immer zu erreichen ist. Volieren haben üblicherweise keine hohen Bodenwannen, der untere Teil der Voliere muss also mit Plexiglas oder Holz rundherum so hoch gesichert werden, dass dort gut 30 cm hoch eingestreut werden kann.

Glasbecken/Aquarien: Glasbehälter sind gut geeignet, da sie hoch eingestreut werden können und die Einstreu nicht herausfallen kann. In kleineren Becken bis 120 × 60 cm darf nicht mehr als 1/3 der Grundfläche mit Etagen versehen werden, da sonst keine ausreichende Belüftung mehr gegeben ist. Die Wände sollten bei kleineren Becken nicht wesentlich höher sein, als das Becken tief ist. Ein Gitterdeckel (siehe S. 31) muss immer angebracht werden. Wird dafür viereckiger Volierendraht verwendet, kann dieser bei erwachsenen Zwerghamstern auch einen Abstand von bis

Home, sweet home

Eine bayrische Landschaft über der hohen Einstreu.

zu 1,2 cm haben. Der einzige Nachteil im Glasbecken ist der, dass eine Nestkontrolle bei tiefer gelegenen Nestern schwer möglich ist und die Tiere immer von oben herausgenommen werden müssen, was sie nicht gern mögen.

Mediterranes Ambiente für einen verwöhnten Zwerg.

Terrarien: Normale Terrarien verfügen meist nur über eine geringe Belüftung, die für Reptilien ausreicht, aber für Nager unzureichend ist. Der untere Rand ist häufig für eine hohe Einstreu zu niedrig, diese fällt durch die Schiebetüren heraus und verstopft die Schienen der Türen. Nur spezielle Nagerterrarien mit entsprechenden Schienen an den Türen, einer hohen unteren Glaswand und mehreren Belüftungsöffnungen sind für Zwerghamster geeignet.

Holzgehege: Gehege aus beschichtetem oder ungiftig lackiertem Massivholz werden im Internet in großen Größen angeboten. Sie bestehen normalerweise aus drei Holzwänden, einer Plexiglasfront und einem Gitterdeckel und sind mit zusätzlichen Etagen versehen. Günstigere Modelle sind nicht lackiert und müssen unbedingt nach dem Kauf noch mit einem hochwertigen Lack versehen werden. Dieser muss speziell als Lack für Kinderzimmereinrichtungen gekennzeichnet sein, nur dann ist er für Hamster ungiftig. Der untere Bereich dieser Gehege ist meist

Klettergehege für einen buddelfaulen Zwerghamster.

ebenso schwer zu erreichen wie bei Aquarien, aber sie sind leichter und an den Holzwänden können Etagen einfacher befestigt werden. Sie haben aber auch den Nachteil, dass der Hamster nur von oben angesprochen und herausgenommen werden kann.

Eigenbau: Ein Gehege kann auch leicht selbst gebaut werden. Ein Eigenbau hat den Vorteil, dass er von Farbe und Form genau in die Wohnlandschaft des Menschen eingepasst werden kann.

Als Grundgerüst können ein Schrank oder Regal dienen. Hier werden dann statt eines Gitterdeckels einfach Gittertüren angebracht, damit eine optimale Belüftung gewährleistet ist. Bereits vorhandene Einlegeböden können als Etagen im Gehege weiterverwendet werden. Vitrinen sind ebenfalls geeignet. Für eine ausreichende Belüftung dienen hier dann Gitterfenster, die auf jeder Etage in die Seitenwände der Vitrinen gesägt werden. Als Gitter eignet sich hier wieder einfacher Volierendraht.

Bei allen vorgefertigten Schrankbauteilen ist immer darauf zu achten, dass sie über eine Breite von mindestens 100 cm und eine Tiefe von mindestens 40 cm verfügen. So viel Buddel- und Lauffläche muss sein, auch wenn es mehrere Etagen gibt. Schmalere Gehege lassen sich kaum noch artgerecht einrichten, da z. B. ein Mehrkammerhaus (siehe S. 42) häufig schon über eine Grundfläche von etwa 30 × 30 cm verfügt. Soll das Gehege ganz frei gebaut werden, ist es sinnvoll, vorab einen detaillierten Bauplan zu erstellen.

- Drei Seitenwände aus beschichtetem oder ungiftig lackiertem Holz haben den Vorteil, dass dort gut Etagen angebracht werden können, das Gehege nicht zu hell ist und es leicht gebaut werden kann.
- An einen Rahmen aus Kanthölzern werden die Seitenwände geschraubt.
- Für die Vorderfront eignen sich am besten Plexiglasscheiben oder Bastlerglas, das Sie sich in einem größeren Baumarkt passend zuschneiden lassen können. Damit es zum

Home, sweet home 31

Tunnel und Höhlen bieten eine naturnahe Landschaft.

Gehegereinigen leicht herausgenommen werden kann, bieten sich Metall- oder Holzschienen am Gehegerand an, in welche dann die Plexiglasplatte geschoben wird. Ein an Scharnieren befestigter Gitterdeckel sorgt dafür, dass der Hamster aus seinem Reich nicht ausbrechen kann.

Gitterdeckel und Gittertüren: Gitterdeckel für Aquarien sind leicht zu bauen:
- Nehmen Sie die Außenmaße des Aquariums.
- Bauen Sie einen Rahmen aus Vierkanthölzern, der genau einmal um das Aquarium herumpasst. Diesen Rahmen können Sie an den Ecken mit Metallwinkeln verstärken.
- Auf diesen Rahmen wird nun Volierendraht getackert.
- Der Gitterdeckel liegt so auf dem Aquarium, dass der Holzrahmen über den Rand ragt und der Volierendraht direkt auf dem Rand auf-

liegt. So kann der Deckel nicht verrutschen und es macht auch nichts, wenn er nicht ganz genau passt.
- Ein Teil des Gitters kann auch durch eine Holzplatte ersetzt werden, die mit Scharnieren an einem zusätzlich angebrachten Querholz angeschraubt wird. So bekommen Sie einen Klappdeckel, durch den die Versorgung des Hamsters mit Futter etwas erleichtert wird, da nicht immer der ganze Deckel angehoben werden muss.
- Gittertüren können genauso gebaut werden. Wird aus optischen Gründen der Volierendraht innen angebracht, müssen die Ränder mit Holz- oder Metallschienen gesichert werden, damit der Hamster sich nicht daran verletzen kann. Mit Scharnieren werden diese Türen am Rand des Geheges befestigt. Als Verschluss dient ein schlichter Magnetverschluss für Schranktüren, der hält bombenfest, ist aber auch leicht vom Halter zu öffnen.

Bild oben: Gitterdeckel sorgen für Sicherheit.
Bild unten: Auf kleinstem Raum wird ein ganzes Hamsterleben untergebracht.

Kleine Materialkunde

Wer sich auf das Abenteuer Gehegebau einlässt, dem stellen sich viele Fragen: Welche Hölzer soll ich verwenden? Welche Gitter sind geeignet? Welche Farben und Lacke kann ich verwenden und noch vieles mehr.

Hölzer: Gut geeignet sind Buchen-, Birnen-, Birken-, Eschen-, Erlen-, Espen-, Linden-, Pappel-, Ulmen-, Kirsch-, Walnuss- und Weidenholz. Harzende Hölzer oder Hölzer, die einen hohen Anteil an ätherischen Ölen haben und mit dem Geruch die Tiere irritieren wie Fichten-, Tannen-, Lärchen-, Eiben- und Kiefernholz, sind eher ungeeignet.

Massivholz ist normalerweise nur gering mit Schadstoffen belastet und sehr haltbar.

Beschichtete Spanplatten haben einen Kern aus gepresstem und verleimtem Holzspan und eine Beschichtung aus Furnier oder Dekor. Die Beschichtung schützt vor dem Urin der Tiere, allerdings müssen Ränder und Bohrlöcher versiegelt werden, damit auch dort kein Urin eindringen kann. Achten Sie beim Kauf auf schadstoffarme Materialien und entsprechende Prüfsiegel. Eine günstige Alternative zum Neukauf sind alte Möbel. Diese dünsten kaum noch Schadstoffe aus, und das Recycling gebrauchter Möbel als Nagerbehausung schont den Geldbeutel und die Umwelt. Unbeschichtete Spanplatten und OSB-Platten müssen unbedingt vor Gebrauch mit Lack oder anderen Materialien versiegelt werden.

Leimholz, Hartfaserplatten oder Sperrholz ist zu dünn für die Gehegewände, kann aber sehr gut für Etagen eingesetzt werden. Vor allem Pappelsperrholz eignet sich gut für Bastlerarbeiten und für Häuser und Einrichtungsgegenstände.

Bei Leisten aus Holz für die Eckversiegelungen muss auch immer darauf geachtet werden, dass es gut verträgliches Holz ist.

Plexiglas: Hobbyglas bzw. Bastlerglas eignet sich gut für die Fronten von Kleintierheimen.

Metall: Als Metallleisten zum Rändersichern eignen sich z. B. Fußbodenleisten für Türübergänge, Aluschienen für Schiebetüren oder Eckleisten aus Metall. Magnetverschlüsse, und was sonst noch so an Metallmaterialien gebraucht wird, unterliegt keinen besonderen Anforderungen.

Gitter/Draht: Verzinkter Vierkantdraht/Volierendraht ist nicht sehr korrosionsbeständig. Nagt der Hamster zu sehr daran, reichert sich Zink in seinem Organismus an und führt langsam zur Vergiftung. Volierendraht aus rostfreiem Edelstahl ist deshalb dort, wo der Hamster zum Nagen leicht herankommt, zu bevorzugen.

Gehegestandort

- **Das Gehege sollte in Augenhöhe im Wohn- oder Arbeitszimmer aufgestellt werden.**
- **Fernseher und Stereoanlage dürfen nur selten und in Zimmerlautstärke laufen.**
- **Höhere Temperaturen werden schlecht vertragen, eine Umgebungstemperatur von 15–22 °C ist optimal.**

Die kleine Zwergenwelt

Volierendraht aus rostfreiem Edelstahl ist ausbruchs- und nagesicher.

Grün beschichteter Volierendraht ist üblicherweise kunststoffummantelt und nicht zu empfehlen, da der Kunststoff von den Tieren abgenagt werden kann und das Material dann rostet.

Fertige Käfiggitter von alten Käfigen sollten nur dann verwendet werden, wenn sie pulverbeschichtet sind, denn nur diese Beschichtung hält den Nagerzähnchen stand. Gitter von sehr alten Käfigen sind lackiert, bei ihnen blättert der Lack beim Benagen ab und die Stäbe rosten.

Schrauben und Co.: Tacker sind eine gute Möglichkeit, um Rückwände zu befestigen. Wählen Sie die Tackernadeln immer passend zur Holzdicke. Zu kurze Nadeln halten natürlich nicht, zu lange gehen durch das Holz durch, und an den so entstehenden Spitzen können die Tiere sich verletzen.

Nägel spalten das Holz meist unschön auf. Sie eignen sich nur, um Kleinteile miteinander zu verbinden.

Schrauben sind unverzichtbar beim Eigenbau. Achten Sie darauf, spezielle Holzschrauben zu verwenden. Kreuzschlitz- oder Sechsrundschrauben (Torxschrauben) sind leichter einzudrehen als Schlitzschrauben. Die Länge der Schrauben richtet sich nach der Holzdicke, sie sollten nie ganz durch das Holz gehen. Bohren Sie Löcher für Schrauben möglichst immer vor, sonst spalten die Schrauben das Holz.

Holzdübel sind natürlich ebenfalls zur Verbindung der Wände geeignet. Aus ihnen können übrigens auch tolle Etagenumrandungen gebastelt werden. Dazu werden die Dübel senkrecht am Etagenrand aneinandergeklebt. So können auch runde Etagenränder sicher umrandet werden.

Versiegelung: Damit die Gehege möglichst lange vor dem Urin der Heimtiere geschützt sind und leicht gereinigt werden können, müssen alle Holzbauteile versiegelt werden.

Lack eignet sich, um Gehege dekorativ zu gestalten. Damit keine giftigen Ausdünstungen den Nagern schaden, empfehle ich Lacke, die für Kinderzimmereinrichtungen zugelassen sind. Besonders schonend sind Lacke auf Wasserbasis. Der Lack sollte immer in mehreren Schichten aufgetragen werden, um das Holz sicher zu versiegeln. Eine Versiegelung mit einer Holzlasur reicht nicht aus.

Selbstklebende Dekorfolien, Linoleum, gut ausgedünstetes PVC oder CV-Bodenbelag und Wachstischdecken enthalten meist schädliche Weichmacher. Sie müssen unbedingt so gesichert angebracht werden, dass die Tiere keine

Home, sweet home

Chance haben, daran zu nagen. Die Materialien müssen sauber und gründlich verklebt werden. Sie werden an den Rändern umgeschlagen, und die Ränder werden mit Holzleisten oder Metallschienen vor dem Annagen gesichert.

Fliesen bieten im Sommer Kühlung und können als Versiegelung für Etagen dienen. Aus Mosaikfliesen lassen sich sehr dekorative Etagenbeläge und auch Häuserverzierungen basteln. Nur bei sehr warmen Temperaturen dürfen die gefliesten Etagen ohne Abdeckung bleiben, die übrige Zeit werden sie mit Sand, Flachs- oder Hanfmatten abgedeckt.

Wachs, in dicken Schichten aufgetragen, hält Flüssigkeit relativ gut ab. Allerdings nutzen sich diese Wachsschichten schnell ab, vor allem wenn die Häuser, Laufräder etc. heiß gereinigt werden.

Kleister und Leim: Die meisten Kleber sind für Kleintiere nicht ganz ungefährlich. Sekundenkleber, Zweikomponentenkleber und weitere handelsübliche Klebstoffe enthalten häufig giftige Lösungsmittel und weitere Stoffe, die zu Vergiftungen oder Darmproblemen führen können. Deshalb ist die Auswahl von Klebstoffen für Bastlerarbeiten und im Eigenbau wichtig. Methylzellulosekleister ist mitunter als günstiger Tapetenkleister zu bekommen. Die meisten Tapetenkleister enthalten allerdings Zusatzstoffe, deshalb ist es wichtig, darauf zu achten, dass es wirklich ein reiner Methylzellulosekleister ist. Dieser Kleister eignet sich besonders gut für Arbeiten mit Pappe und Pappmaché und für dekorative Serviettentechnik (siehe S. 49).

Weißleime (Polyvinylacetate), Bastelkleber und handelsübliche, wasserlösliche Holzleime eignen sich für alle Bastlerarbeiten. Sobald sie ausgehärtet sind, besteht keine Gefahr mehr einer Schadstoffbelastung für das Tier. Nur wenn ein Zwerghamster wirklich sehr intensiv die verklebten Stellen benagt und das abgenagte Material tatsächlich in großen Mengen frisst, kann es zu Magenproblemen kommen. Dazu müsste der Hamster aber schon wirklich sehr viel von dem Klebstoff fressen und das ist bei einer üblichen Verarbeitungsmenge ausgeschlossen.

Mehlleim

Zutaten: 500–700 ml Wasser, ca. 150 g Mehl Typ 405
Herstellung: Das Wasser wird zum Sieden gebracht. Dann wird das Mehl unter ständigem Rühren in das Wasser geschüttet und wieder unter ständigem Rühren kurz aufgekocht. Sobald die Masse abgekühlt ist, kann sie als Kleber für Holz- und Papparbeiten verwendet werden.

Quarkkleber

Zutaten: 250 g Magerquark, 125 g reiner Kalk (Calciumcarbonat-Pulver aus der Apotheke)
Herstellung: Beide Zutaten werden gut miteinander vermengt. Ist die Masse noch zu feucht, kann etwas mehr Kalk zugegeben werden. Vor dem Verarbeiten sollte die Masse ein wenig trocknen und durchziehen.

Buddeln und Bauen

Ein wichtiger Bestandteil der Gehegeeinrichtung ist der Bodengrund. Um Krankheiten vorzubeugen, muss dieser sehr gewissenhaft ausgesucht werden: Seine Beschaffenheit darf die Tiere nicht verletzen, er darf ihre Atemwege nicht durch Staub reizen, Tunnel müssen stabil halten und es dürfen keine schädlichen Stoffe enthalten sein.

Die Einstreu: **Unparfümierte Kleintierstreu** aus Holzspan eignet sich nur dann, wenn sie nicht aus Nadelhölzern gewonnen wurde. Die darin enthaltenen ätherischen Öle reizen die Atemwege der Hamster. Alternativ können **Hanfstreu, Pflanzeneinstreu** oder eine hochwertige **Miscanthuseinstreu** verwendet werden. Wird **Heu** unter die Einstreu gemischt, halten die Gänge besser. Achten Sie auf eine hohe Heuqualität, und verwenden Sie möglichst heißluftgetrocknetes Bioheu, es sollte grün sein, Kräuter enthalten und frisch riechen. Hochwertige Heusorten sind zwar teurer, aber sie sind weniger mit Schimmel und Spritzmittel belastet. Auch **Stroh** kann angeboten werden, dabei sollten Sie jedoch vor allem Haferstroh wählen. Bei Heu und Stroh ist darauf zu achten, dass es nicht feucht oder schimmelig ist. Schimmel ist an starker Staubbildung, verklumpten und grauen Stellen und schwarzen Flecken auf dem Stroh leicht zu erkennen. Granulate oder Pelleteinstreusorten eignen sich

Graben, wühlen und Futter in der Einstreu suchen ist bei Zwergen sehr beliebt.

für Zwerghamster nicht. Sie sind zu grob und häufig zu scharfkantig für die empfindlichen Füße. Klumpstreu in der Toilette kann, wenn der Hamster sie annagt, sogar dazu führen, dass sie im Magen verklumpt und das Tier erkrankt.

PERSÖNLICHE VORLIEBEN

Die verschiedenen Zwerghamsterarten haben unterschiedliche Vorlieben, was ihre Einstreu und die Einstreuhöhe betrifft.

Chinesische Zwerghamster: Buddeln meist nicht sehr viel, eine Einstreuschicht von etwa 10 cm reicht ihnen häufig schon aus.

Dsungaren und Campbells: Legen häufig Wert auf einen tiefen Bodengrund, in den sie ihre Gänge bauen können. Hier sollte die Einstreuhöhe mindestens 20 cm betragen. Erst ab 30 cm können die Hamster richtig tolle Gänge und Gangsysteme bauen. Eine kleine Sandfläche wird aber auch oft gern genutzt.

Roborowskis: Benötigen eine Mischform. Sie bevorzugen eine hoch eingestreute Ecke oder Bodenschale zum Bauen ihrer Gänge. Aber sie lieben es auch, auf Sand zu laufen und deshalb sollten große Flächen mit geeignetem Sand versehen werden. Ich nutze dafür gern die großen Etagen in meinen Gehegen. Damit der Sand oben bleibt, werden die Etagen mit Leisten rundherum gesichert.

Um herauszufinden, ob Ihr Hamster gern Gänge baut, sollten Sie allen Hamsterarten auf jeden Fall einen Bereich mit hoher Einstreu anbieten. Diesen können Sie ihm in einem zusätzlichen und mit dem eigentlichen Gehege verbundenen Glasbecken einrichten oder einen Gehegeabschnitt ab 60 × 40 cm abtrennen, welcher dann hoch eingestreut wird. Es ist natürlich auch möglich, den Gehegeboden ganz 30–40 cm hoch einzustreuen. Handelsübliche Käfige können dazu mit Plexiglas umrandet werden. Die Einstreu sollte dabei nicht zu locker aufgeschüttelt werden. In der Streu verteiltes Heu und Strohhäcksel sorgen für zusätzliche Stabilität der Gänge, es sollte aber nur in kleinen Mengen eingearbeitet werden.

GRABEN UND BADEN

Buddelkisten: Eine Buddelkiste kann mit ungedüngter Gartenerde oder im Handel erhältlicher spezieller Nager- oder Terrarienerde angeboten werden. Bei empfindlichen Zwergen ist es sinnvoll, die Erde im Ofen bei 100 °C zu sterilisieren. Damit sie nicht staubt, wird sie dann wieder leicht angefeuchtet. Erde darf nicht als alleinige

> **Wichtig**
> Große Labyrinthe und Korkröhren dürfen gern in der Einstreu oder auch darauf stehen – durch ihre Fläche können sie nur schwer eingegraben werden, und es besteht keine Verletzungsgefahr. Steine und schwere kleine Einrichtungsgegenstände sollten immer nur am Gehegeboden oder gut gesichert auf Etagen angeboten werden, nie auf der Einstreu, sie könnten untergraben werden, abrutschen und dann die darunter grabenden Hamster verletzen.

Einstreu und nur in einem abgegrenzten Bereich angeboten werden. Es ist unbedingt darauf zu achten, dass auf der Erde kein Schimmel entsteht, der Hamster sollte sich dort auch kein Nest anlegen. Torf ist ungeeignet, die enthaltenen Säuren schädigen das Fell. Zudem ist die Verwendung von Torf aus ökologischen Gründen nicht zu empfehlen, da beim Abbau Moore zerstört werden und so Wildtieren der Lebensraum genommen wird. Sie können Ihrem Hamster auch mal Laub, Moos oder etwas ungedüngten Rasen mit Erde daran aus dem Garten anbieten. Es dürfen auch Käferchen und Würmchen enthalten sein, die werden vom Hamster gerne verzehrt. Achten Sie bitte darauf, dass keine Zecken in der Erde oder auf dem Laub sind! Reinigen Sie gleich am nächsten Tag diesen Bereich des Käfigs, oder bieten Sie Erde nur in einer gesonderten Schachtel, einem extra Plastikgehege oder Aquarium an.

Das Sandbad: Für alle Zwerghamster gehört das Sandbaden zum täglichen Fellpflegeritual. Der Sand wirkt wie ein Kamm auf das Fell, er löst verklebte Stellen und trennt die einzelnen Haare voneinander. Die Haut wird massiert und Hautschuppen werden entfernt. Das Sandbad dient auch dem Stressabbau, angefangen vom „wohlig auf den Rücken werfen und schubbern" bis hin zum emsigen Wühlen im Sand kann ein Zwerghamster sich dort richtig austoben. Beim „Sandlaufen" werden die Krallen abgefeilt und zu langen Krallen wird dadurch vorgebeugt.

Eine sehr große Keramikschale mit mindestens einem Kilo Sand sollte es schon sein. Wenn der Zwerg den Sand beim Baden allerdings gleich aus der Schale befördert, dann eignen sich auch große Bonbongläser aus Glas mit schrägem Eingang oder Vogelnistkästen. Viele Zwerghamster laufen gern über Sand, für Roborowskis ist es sogar ein sehr wichtiger Bestandteil ihres Lebensraumes. Deshalb darf gern immer auch zusätzlich eine Ecke des Geheges mit Sand einge-

Emsig wühlt sich der kleine Dsungare durch sein Sandbad.

streut werden. Bei kleineren Gehegen wäre es auch eine Möglichkeit, die Etagen mit Rand zu versehen und diese dann ganz mit Sand einzustreuen.

Der Einstieg zum Sandbad kann z. B. ein flacher Stein, eine aus einem Ytongstein gesägte Treppe oder eine Wurzel sein. Auch das sorgt für kurze und rund gefeilte Krallen. Am besten eignen sich spezielle Sandarten für Kleintiere aus Bimsstein oder ein hochwertiger Chinchillasand. Dieser besteht aus speziell abgerundeten Sandkörnern, vorzugsweise aus Quarz. Früher wurde vor allem Attapulgus- oder auch Sepiolith-Sand empfohlen, da aber beide durch feine Stäube als krebserregend gelten, wird heute auf diese Sandarten verzichtet. Spezielle Terrariensande eignen sich sehr gut, um einige Bereiche farblich interessant zu gestalten und Abwechslung in die Untergründe zu bringen.

Nicht geeignet: Grober Bausand, Sandkastensand, grober Quarzsand oder Vogelsand mit Anis und Muschelgrit. Diese sind zu scharfkantig und können die Tiere verletzen und das Fell schädigen.

Nistmaterial: Ein kuscheliges Nest muss natürlich sein. Deshalb wird passendes Nistmaterial angeboten. Dieses wird im Gehege verteilt, der Hamster sucht es sich selbst zusammen und schafft es in sein Nest, das ist eine sinnvolle Beschäftigung. Verteilen Sie regelmäßig frische Taschentuch- oder Toilettenpapierstückchen im Gehege, diese sind bei nahezu allen Hamstern sehr beliebt. Auch unbedrucktes weiches Papier wird gern genommen, Druckerpapier ist allerdings meist zu scharfkantig und sollte nicht verwendet

Fleißig werden Taschentuchstückchen gesammelt und ins Nest getragen.

Wassertest!

Taschentücher, Kosmetiktücher, Toilettenpapier und Küchentücher sind oft wasserfest und reißfest, damit sind sie nicht mehr für den Nestbau geeignet. Verschluckte Tuchstückchen können beim Verschlucken zu Darmbeschwerden führen. Vor allem Jungtiere könnten sich reißfeste Tuchstreifen um die Beine wickeln und diese damit abschnüren. Machen Sie vor der Verwendung solcher Tücher einen Wassertest. Legen Sie ein Stück von dem Tuch ins Wasser. Löst es sich zu einem Brei auf, kann es zum Nestbau angeboten werden, bleibt es aber fest oder bleiben reißfeste Fasern, dann ist von einer Verwendung abzusehen.

werden. Blätter verschiedener Bäume und Sträucher und sogar getrocknete Kräuter und Blütenblätter eignen sich als Nistmaterial. Holzwolle ist zu hart und wird nicht gern genommen.

Hanf- und Flachsmatten aus dem Zoofachhandel bieten nicht nur die Möglichkeit, Etagen weich auszupolstern, die Hamster entwickeln oft auch viel Energie dabei, sich hier ihr Nistmaterial herauszuarbeiten.

Natur pur: Ein raschelnder Blätterhaufen ist für einen Zwerghamster eine interessante und aufregende Erlebniswelt. Im Sommer können gern große Mengen Blätter (siehe S. 69) direkt von Bäumen und Sträuchern gesammelt und angeboten werden. Ein Karton, mit frischen Blättern, Wiesenkräutern und Blüten befüllt, wird emsig durchsucht und beschnüffelt. Verschiedene Laubarten und Blüten sorgen immer wieder für neue Sinnesreize. Im Winter können Blätter, Blüten und Kräuter auch getrocknet angeboten werden. Getrocknete Moose eignen sich auch, um dem Zwerghamster etwas Abwechslung und Grün anzubieten.

Nicht geeignet: Kosmetik- und Hamsterwatte zieht Fäden, durch welche Gliedmaßen abgeschnürt werden können, z. B. wenn sie sich um die Füße wickelt. Sie sorgt für ein ungünstiges Nestklima, in dem sich Pilze und Bakterien stärker vermehren.
Stoffreste ziehen ebenfalls Fäden und können mit chemischen Zusätzen belastet sein.
Baumwollschoten stauben sehr stark.
Papier aus dem Schredder ist leider oft scharfkantig und deshalb nicht geeignet.

Einrichtung

Erst die richtige Einrichtung macht aus einem Gehege einen Lebensraum. Ein gut strukturiertes Gehege ermöglicht den Zwerghamstern alle ihre natürlichen Verhaltensweisen auszuleben. Buddel- und Laufflächen, Schlafhäuser und Futterstellen, Abenteuerspielplatz und Laufrad, all das muss im Gehege Platz finden.

Etagen: Auf großzügigen Etagen werden Frischfutter und Wasser sauber angeboten. Rampen und Treppen eignen sich als Etagenaufgänge. Leitern sind nicht zu empfehlen. Roborowski-Zwerghamster mögen Etagen, die mit Sand eingestreut sind. Hanf- oder Flachsmatten für Nager verhindern übermäßige Geräuschentwicklung, wenn das Laufrad auf Etagen aufgestellt wird. Der Abstand der Etagen voneinander

Ein gut strukturiertes Gehege enthält Etagen, Häuser, Einstreu und mehr.

sollte nicht mehr als 25 cm betragen. Ideal sind lackierte (siehe S. 34) Holzetagen aus Sperrholz.

Es gibt verschiedene Möglichkeiten, die Etagen zu befestigen. Messen Sie die Tiefe des Käfigs von innen genau nach. Überlegen Sie sich dann, wie breit die Etagen sein sollen (auf Türen achten!) und lassen Sie sich im Baumarkt genau passende Sperrholzplatten zuschneiden.

Im Gitterkäfig: Etagenbretter können einfach mit Haken versehen werden, mit denen das Brett dann ins Gitter gehängt wird. Damit die Etagen leichter ausgewechselt werden können, ist es auch möglich, sie von außen anzuschrauben. Von außen angebrachte Metallunterlegscheiben verhindern das Verrutschen der Etage. Sie werden entweder mit Schrauben oder mit Ösenschrauben gegen die Etagenseiten geschraubt.

Es ist auch möglich, das Etagenbrett einfach einzuklemmen. Dafür wird das Etagenbrett ca. 4–5 cm breiter zugeschnitten. An den Stellen, wo beim Käfig die hochkantigen Gitterstreben sind, werden entsprechend ca. 2 cm tiefe Einkerbungen in das Brett gesägt. Das Brett wird dann mit einigem Kräfteaufwand zwischen die Gitter geklemmt.

Im Aquarium, Terrarium, Eigenbau: Tischetagen eignen sich hier gut, sie können beim Reinigen leicht entfernt werden. Dazu werden einfach vier Kanthölzer als Beine unter die Etagenplatte geschraubt.

Die Etagen können aber auch auf Leisten gelegt werden. Dafür werden Leisten aus Metall oder Holz mit Zweikomponentenkleber fest an das Glas geklebt oder gegen Holzwände geschraubt.

Etagen mit Schlafhäusern bieten Platz für den großen Futtervorrat.

Schlafhäuschen: Mehrere Schlaf- und Spielhäuser bieten dem Zwerghamster die Möglichkeit, Futterreserven und Schlafplatz zu trennen. Die Häuser sollten aus unbehandeltem Holz bestehen, nur so ist eine optimale Belüftung darin gewährleistet. Deckel müssen so konstruiert sein, dass sie abgenommen werden können, damit eine stressfreie Nestkontrolle möglich ist. Die Häuser dürfen keinen Boden haben, denn die Hamster bauen sich ihre Nester gern tief in die Einstreu und urinieren auch mitunter in das Haus. Die Mindestgrundfläche eines Hauses muss 14 × 12 cm betragen. Die Wände sollten nicht mehr als 20 cm auseinanderstehen. Eingänge von Häusern und Spielzeugen dürfen nicht kleiner als 5 cm im Durchmesser sein, damit der Hamster auch mit vollen Backentaschen noch durch die Tür passt.

Labyrinthe: Mehrkammerhäuser, sogenannte Labyrinthe, eignen sich für Zwerghamster besonders gut. Sie bestehen aus mehreren Kammern, haben keinen Boden und das Dach kann zur Nestkontrolle abgenommen werden. Hier können die Hamster sich Nistkammer, Abort und Futterkammer in einem Bau einrichten.

Hier ist genug Platz für alle Dinge, die so ein kleiner Kerl sammeln muss.

Das Laufrad: Studien zeigen, dass Hamster, die regelmäßig in einem Laufrad trainieren, besser Stress abbauen und gesünder sind. Zwerghamster in einem abwechslungsreich eingerichteten Gehege nutzen das Rad ausschließlich, um sich ein wenig zusätzliche Bewegung zu verschaffen. Da unsere Zwerghamster auch gelegentlich gern einfach loslaufen, sollte ein gutes Laufrad in keinem Gehege fehlen. Wie sieht aber das „richtige" Laufrad aus? Im Handel werden viele verschiedene Laufräder für Hamster angeboten, aber nicht alle sind sicher und einige können sogar gefährlich werden.

Zu kleine Laufräder führen zu Rückenschäden, vorne läuft der Hamster hoch, hinten runter, der Rücken ist immer durchgebogen. Deshalb müssen die Laufräder für Roborowski-Zwerghamster einen Mindestdurchmesser von 20 cm, für die anderen Arten von etwa 25–30 cm aufweisen. Grundsätzlich gilt: Länge des Zwerghamsters × 2 ergibt den Durchmesser, den das Laufrad haben sollte, damit der Rücken nicht durchbiegt.

Die Aufhängung der Räder muss so angebracht sein, dass der Hamster sich nicht zwischen Aufhängung und Rad einklemmen kann. Sinnvoll sind offene oder mit Eingängen versehene Vorderseiten und geschlossene Rückwände zur Aufhängung. Im Handel bekommen Sie Wodent WheelTM oder Silent Runner LaufräderTM, welche für alle Zwerghamsterarten zu empfehlen sind. Auch hochwertige Holzlaufräder mit einer rückwärtigen Aufhängung und einem offenen Vorderbereich sind sehr gut für Zwerghamster geeignet. Hier ist auf eine leicht geriffelte gewachste Lauffläche oder eine Korklauffläche zu achten.

Home, sweet home **43**

So richtig flink losflitzen kann der kleine Zwerg in seinem großen Laufrad.

Das Laufrad sollte über ein hochwertiges Kugellager verfügen und beim Drehen „rund" laufen, ohne zu eiern.

Nicht geeignet: Aufgeklebte Leisten, offene Laufflächen aus Gitter oder mit Stoff bespannte Laufflächen sind für Zwerghamster nicht empfehlenswert.

Laufteller: Bei „Lauftellern" oder auch „Flying Saucers" handelt es sich um einen Laufteller aus Metall, Holz oder Kunststoff, welcher in der Mitte mit einem Kugellager versehen ist. Der Laufteller wird am Gehegerand befestigt oder im Gehege aufgestellt. Laufteller sind aller-

Laufradsucht?

Früher wurde angenommen, dass die Hamster eine Art Stereotype entwickeln, also eine Sucht, im Rad zu laufen. Deshalb wurde eine Zeitlang angeregt, den Tieren kein Rad zur Verfügung zu stellen. Diese Beobachtungen waren aber falsch. Neue Studien zeigen deutlich, dass die Tiere keine Sucht entwickeln. Ob und wie lange sie im Rad laufen, hängt von vielen Faktoren ab, vor allem auch davon, welche anderen Möglichkeiten der Beschäftigung die Tiere haben. Ein Hamster in einem mehrere m² großen Gehege wird sein Rad nicht vermissen, wenn man es ihm wegnimmt. Hamster, die allerdings in winzigen Gehegen leben müssen und keine andere Möglichkeit zur Bewegung haben, entwickeln ohne Rad sogar Stereotypen wie Gitternagen oder einfache Bewegungsabläufe. Das Rad hilft den Tieren, Stress abzubauen und gesund zu bleiben, eine Laufradsucht existiert bei artgerecht gehaltenen Hamstern nicht.

dings nicht ungefährlich und kein guter Ersatz für Laufräder. Auch bei einem großen Durchmesser biegen sich die Tiere beim Laufen nach innen durch, wenn sie auf dem Laufteller laufen. Das führt zu einer dauerhaft einseitigen Belastung der Wirbelsäule. Ungeschickte Tiere können bei einem abrupten Halt durch die entstehenden Fliehkräfte regelrecht durch die Gegend geschleudert werden. Sie landen dann sehr unsanft an den Käfigwänden. Die meisten Laufteller sind außerdem zu glatt oder haben Rillen, die in zu großen Abständen eingefräst sind und bieten damit keine gute Lauffläche.

GEHEGESTRUKTUR

Für Zwerghamster ist die richtige Struktur ihres Umfeldes wichtig, damit alle Einrichtungsgegenstände auch wie vorgesehen genutzt werden können. Das Häuschen, das dekorativ auf einer Etage steht, wird seltener genutzt als jenes, das an einem, für den Hamster sicher erscheinenden, dunklen Ort steht. Deshalb ist bei der Einrichtung des Geheges auf eine sinnvolle Struktur zu achten.

Der hoch eingestreute Buddelbereich gehört natürlich in den unteren Teil des Geheges, denn er soll ja das Erdreich ersetzen, in dem der Hamster sich sein Nest anlegt. Dieser Buddelbereich kann in einem kleinen Bereich zusätzlich mit eingegrabenen Holz- oder Papphröhren ausgestattet werden. Direkt über der Einstreu wird ein Mehrkammerhaus ohne Boden angeboten. Dort kann der Hamster sich ein sicheres Nest anlegen. Viele Hamster nutzen es lieber, wenn das Haus unter einer dunklen Etage steht, so fühlen sie sich besonders sicher. Auf der Einstreu liegende Korkhalbröhren oder andere, leichte und nicht unterbuddelbare Zweige bieten dem Hamster sichere Wege auf der Einstreufläche.

Über dem Buddel- und Schlafbereich wird mindestens eine Etage angeboten. Dabei muss auf eine gute Belüftung des unteren Bereiches geachtet werden. Die Etage sollte nicht mehr als die Hälfte des Buddelbereiches überdecken, sonst ist eine gute Belüftung des unteren Bereiches nicht mehr gewährleistet. Diese Etage sollte mindestens 5 cm über der Einstreuschicht liegen, damit die Zwerghamster gut darunter herlaufen können, sie wird also auf einer Höhe von ca. 35 cm im Gehege angebracht. Üblicherweise wird hier das Laufrad aufgestellt, damit es nicht in der Einstreu versinkt und die Tiere jederzeit gut darin laufen können. Auf den höheren Etagen wird das Futter verstreut und der Wassernapf angeboten. Dieser Bereich kann auch teilweise mit Sand ausgestreut werden, damit wird der natürliche Boden des Zwerghamsterhabitats am besten nachempfunden. Schwere Einrichtungsgegenstände wie Steine oder auch schwere Näpfe kann man auf die Etagen legen, sie müssen aber vor dem Herabfallen gesichert werden.

Viel Platz für viel Hamsterspaß.

Sinnvolles Zubehör

- Eine Sandbadewanne aus Keramik, Holz oder Glas mit einem Durchmesser von mindestens 12 cm und mindestens 5 cm Höhe.
- Ein Wassernapf, ein Napf für Frischfutter und ein Trockenfutternapf aus Keramik. Gut geeignet sind dafür kleine Tonuntersetzer für Blumentöpfe oder spezielle Hamsterschalen aus dem Fachhandel.
- Eine Hamsterecktoilette aus Keramik.

Auf einer Häuschenetage können Futter und Wasser sauber angeboten werden.

Im oberen Gehegebereich sind alle Einrichtungsgegenstände sinnvoll, die mit Futtersuche und Futterbeschaffung, aber auch Futterlagerung zu tun haben. Buddelkisten mit Erde, fressbare Grünpflanzen und getrocknete Moose sehen nicht nur dekorativ aus, sondern bieten dem Hamster auch viel Abwechslung.

Gefährliches Zubehör: Gitteretagen, Metalllaufräder mit Gitterlauffläche und Drahtheuraufen sind gefährlich, die Hamster könnten sich darin verfangen.
Genagelte und getackerte Einrichtungsgegenstände sind gefährlich. Benagen die Hamster diese, können Nägel und Krampen hervorstehen und zu Verletzungen führen.
Plastikröhren und Plastikhäuser sind aufgrund der unzureichenden Luftzirkulation und durch Splitter, die beim Annagen entstehen können, ungeeignet.

Abenteuerland

Damit keine Langeweile aufkommt, wird der Lebensraum mit vielen interessanten Einrichtungsgegenständen eingerichtet. Hin und wieder sollten unsere kleinen Freunde etwas Neues zum Klettern und Entdecken bekommen. Das Gehege darf aber niemals komplett umgestellt oder anders eingerichtet werden. Ein neues Spielzeug im Monat reicht aus, mehr könnte bei den kleinen Tierchen zu Stress führen, denn alles Neue ist ja erst einmal ein Eingriff in ihren Lebensraum.

Nicht geeignet: Nicht alle im Handel erhältlichen Spielgeräte sind für Zwerghamster sinnvoll. Auf Spielsachen mit sehr engen Einstiegslöchern unter 5 cm muss wegen der Verletzungsgefahr verzichtet werden. Auch Leitern, Wippen, Hängespielsachen und Seile sind nicht geeignet.

Die kleine Zwergenwelt

In großen Gehegen können ganze Landschaften aus Naturmaterialien gestaltet werden. Korkplatten, Holzröhren, Weidenbrücken, Korkhalbröhren und Moose bieten Abwechslung und erfreuen auch das Auge des Betrachters. Selbstverständlich muss nicht das ganze Gehege mit Spielsachen vollgestellt werden, der Hamster benötigt ja noch Platz zum Laufen und für die Futtersuche.

Variantenreiche Hölzer: **Bei allen Zwerghamstern sind Spielsachen aus Naturholz sehr beliebt. Dicke Äste mit vorgebohrten Löchern als Tunnel sind im Zoofachhandel zu bekommen.** Alle Löcher sollten allerdings auch hier einen Durchmesser von 5 cm aufweisen. Zu Tunneln gebogene Weidenbrücken und halbrunde Rindentunnel dienen zum Durchflitzen und Draufsitzen. Wurzeln und dicke Zweige können als Aufgänge zu Etagen benutzt werden. Hier ist darauf zu achten, dass keine Astgabeln vorhanden sind, in denen die Tiere sich einklemmen können.

Hamsterhöhle aus Papier selbst gemacht: **Um einen Luftballon werden mindestens 6 Lagen unbedrucktes und unparfümiertes Toilettenpapier gewickelt. Dieses wird mit einer Blumenspritze angefeuchtet und fest angedrückt. Dann muss es mehrere Tage trocknen. Sobald die Höhle hart geworden ist, wird die Spitze mit einer Schere aufgeschnitten, der Ballon entfernt und schon ist die Hamsterhöhle fertig.**

Hamsterhöhle: Dekorativ und vielseitig einsetzbar sind selbst gemachte Papierhöhlen.

Home, sweet home **47**

Je größer das Gehege ist, umso dekorativer kann es eingerichtet werden.

Papptunnel: Papprollen bieten jede Menge Abwechslung. Geeignet sind vor allem saubere und klebefreie Restrollen von Küchenpapier, leere Toilettenpapierrollen oder auch Posterrollen aus dicker Pappe. Die Rollen können zu Pyramiden oder Labyrinthen zusammengelegt werden. Es ist aber darauf zu achten, dass sie nicht mit dem Hamster drinnen wegrollen können.

Dekoratives Ambiente: Mit verschiedenen Häusern aus Keramik und Holz können die Gehege ansprechend aufgewertet werden. Reine Dekoration nützt dem Hamster aber nichts, deshalb sollten solche Häuser immer groß genug sein, dass sie auch als Futterverstecke oder Aussichtsplattformen dienen können.

Ein Papplabyrinth wird ausgiebig erkundet.

Gangsysteme: Hamster lieben dunkle Gänge und Höhlen zum Erkunden und Durchflitzen. Mit ganz einfachen Mitteln können Sie Ihrem Zwerghamster tolle Gangsysteme basteln und ihm immer wieder etwas Neues zum Erkunden bieten.

- Aus einem unbedruckten Karton wird mit wenigen Handgriffen ein Labyrinth. Nehmen Sie dazu einen Karton, der eine Seitenlänge von mindestens 25 cm hat und gut 10 cm hoch ist. Die Deckelklappen des Kartons schneiden Sie ab, daraus werden später die Labyrinthwände gemacht.
- Nun zeichnen Sie die Kammern vor. Achten Sie darauf, dass mindestens eine größere Kammer von 10 × 10 cm bleibt. Überlegen Sie, wo sich die Eingangs- und die Ausgangslöcher befinden sollen und schneiden Sie diese in die Kartonwand.
- Anschließend werden die Pappwände eingeklebt. Dazu verwenden Sie idealerweise einen ungiftigen Leim auf Wasserbasis. Damit die Wände nicht beim Trocknen verrutschen, fixieren Sie diese mit Stecknadeln, die später wieder entfernt werden.

Home, sweet home **49**

HÄUSER BUNT GESTALTEN

Auch Farbe darf ins Hamsterheim. Zwar sollten zu knallige Farben vermieden werden, aber Dekorationen aus sanften Farbtönen können das Gehege optisch aufwerten. Verwenden Sie nur ungiftige Farben, die auch für Kleinkinder zugelassen sind.

Deko aus Serviettentechnik: Häuser lassen sich auch mit der Serviettentechnik hübsch aufpeppen. Nehmen Sie dazu nur die oberste Lage einer dekorativen Papierserviette, schneiden diese passend zurecht. Dann wird mit einem Pinsel Tapetenkleister (siehe S. 58) dünn aufgetragen. Die Serviette wird daraufgelegt und mit dem Pinsel darüber nochmal vorsichtig eine Schicht Tapetenkleister aufgetragen. Sobald der dekorierte Gegenstand getrocknet ist, darf er im Gehege angeboten werden.

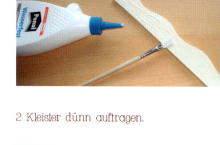

2 Kleister dünn auftragen.

3 Serviette vorsichtig auflegen.

1 Benötigte Materialien.

4 Trocknen lassen und fertig ist das dekorative Haus.

Kacheln bieten kühle Untergründe.

SOMMERHITZE

Zwerghamster vertragen als Höhlenbewohner und nachtaktive Tiere hohe Temperaturen nicht gut. Tagsüber leben Zwerghamster in unterirdischen Bauten, in denen es meist nicht wärmer als 10–15 °C ist. Wird es im Bau zu warm, graben sie sich tiefere Bauten. Ihre Aktivitätszeiten liegen in der Dämmerung und Nacht, also zu Zeiten, wo die Tageshitze nachlässt. Temperaturen über 25 °C im Gehege können gefährlich werden. Messen Sie auf jeden Fall die Temperatur nicht außerhalb, sondern immer im Gehege! Denn schon bei Außentemperaturen von knapp über 20 °C kann es in einem Hamsteraquarium sehr schnell bedeutend heißer werden!

Zwerghamster können nicht schwitzen, um sich Kühlung zu verschaffen, sie haben keine Schweißdrüsen! Sie speicheln sich ein, um sich abzukühlen, verlieren dabei aber sehr viel Flüssigkeit und trocknen schnell aus.

Meist zeigen Zwerghamster sehr deutlich an, dass ihnen zu warm ist, sie werden regelrecht hektisch und versuchen sich tiefer einzubuddeln. Sie rennen mitunter am Gitter entlang und suchen einen Ausweg aus ihrem überhitzten Gehege. Sollten sie dann keine Hilfe bekommen, kann es sogar zum Hitzschlag kommen. Vermeiden Sie daher bereits im Vorfeld zu hohe Raumtemperaturen.

Maßnahmen zur Hitzevermeidung

- Verhindern Sie direkte Sonneneinstrahlung in das Gehege und in das Zimmer, in dem der Zwerghamster wohnt.
- Dunkeln Sie das Zimmer über Mittag ab, indem Sie die Gardinen oder Rollos schließen.
- Lüften Sie in den kühlen Morgen- und Abendstunden und halten Sie sonst die Fenster geschlossen, damit die Tageshitze nicht in den Raum eindringt.

Maßnahmen zur Kühlung

Bei Temperaturen ab 25 °C können folgende Maßnahmen dem Zwerghamster etwas Kühlung verschaffen. Achten Sie aber darauf, dass die Hamster die Kühlmaßnahmen immer nur freiwillig nutzen. Kühlen Sie nicht direkt beim Nest.

- Kacheln, Steinplatten, Keramikteller, die sicher auf Etagen ausgelegt werden, bieten Plätze zum Abkühlen. Einzelne Kühlakkus in einer Tüte, auf eine Seite vom Gehege gelegt, bieten eine leichte Abkühlung des Geheges bis maximal 2 °C.
- Ein feuchtes Handtuch, im Raum aufgehängt, entzieht der Umgebungstemperatur beim Verdunsten Energie in Form von Wärme. Diese Maßnahme darf aber nur bei trockener Hitze angewendet werden. Die Luftfeuchtigkeit im Zimmer/Gehege sollte 60 % nicht dauerhaft überschreiten.
- Ein feuchter Tontopf kann ebenfalls für Abkühlung sorgen.

Nicht geeignet: Ventilatoren helfen bei Hitze nicht, sie kühlen nicht, sondern sorgen nur für einen eher ungesunden Luftzug im Gehege.

Bei dauerhafter Hitze

Steigt die Temperatur im Zwerghamstergehege dauerhaft über 30 °C, sind weitere Maßnahmen nötig. Die Anschaffung eines trocken kühlenden Klimagerätes wäre sinnvoll. Starke Temperaturschwankungen sind allerdings zu vermeiden, die Raumtemperatur sollte dauerhaft auf 22–25 °C gehalten werden. Alternativ ist es möglich, die Tiere für die Zeit der starken Sommerhitze in einem kühleren Raum wie dem trockenen Keller oder dem Badezimmer unterzubringen. Allerdings stresst jeder Umzug den Hamster sehr, und die meisten Keller sind für einen Daueraufenthalt der Tiere zu schlecht belüftet und beleuchtet. Das Anbringen eines Thermorollos am Fenster kann die Raumtemperatur ein wenig senken, wenn er bei Sonneneinstrahlung heruntergelassen wird.

Transport im Sommer

Bei starker Hitze sollten Transporte nur in den kühlen Morgen- oder Abendstunden stattfinden. Die Klimaanlage im Auto sollte nur leicht kühlen, und die Tiere dürfen auf keinen Fall direkt davorgestellt werden oder Zugluft abbekommen. Stellen Sie den Transporter sicher in den hinteren Fußraum. Der Kofferraum eignet sich nicht zum Transport der Hamster. Der Transport muss so kurz wie möglich erfolgen. Die Tiere dürfen auf keinen Fall ohne Aufsicht im Auto verbleiben, hier droht ein Hitzschlag!

Erste Hilfe bei Hitzschlag

Bei sehr hohen Umgebungstemperaturen und hoher Luftfeuchtigkeit kann es zu einem Hitzschlag kommen. Vom Hitzschlag besonders bedroht sind übergewichtige, alte oder trächtige Zwerghamster.

Die Symptome eines akuten Hitzeschlags sind: völlige Teilnahmslosigkeit – die Tiere liegen auf der Seite, schnelle flache Atmung – Flankenatmung, schneller, schwach fühlbarer Puls. Sollten Sie diese Symptome bei heißem Wetter und bei einem sonst gesunden Hamster bemerken, ist unverzüglich zu handeln. Flößen Sie dem Tier vorsichtig ein wenig Wasser ein. Feuchten Sie seine Füßchen mit etwas Wasser an, damit diese kühler werden. Auf keinen Fall das Tier unter Wasser halten, keine Kühlakkus oder Eiswürfel an das Tier legen. Der Hamster muss unverzüglich zu einem Tierarzt gebracht werden. Sonst wird er nicht überleben.

ZWERGHAMSTER KENNENLERNEN

Der Zwerghamster zieht ein

Jeder Zwerghamster ist individuell und hat besondere Vorlieben und Eigenschaften. Erst langsam wird man sein Tier durch intensive Beobachtung kennenlernen.

Wann ist gewöhnlich die Aufstehzeit? Welche Leckerchen werden bevorzugt und was wird gar nicht gefressen? Nimmt der Zwerghamster das Gehege so an, wie es strukturiert ist, und nutzt er alle Bereiche oder muss etwas geändert werden?

Tagelang wurde das neue Gehege gebaut und eingerichtet und endlich ist es soweit, dass der neue Mitbewohner einziehen kann. Nachdem er gewissenhaft ausgesucht wurde und in seiner Transportbox sitzt (siehe S. 21), sollten Sie noch einige Dinge beachten, damit der Zwerg sich gleich von Anfang an richtig wohlfühlt.

Der Umzug

Jeder Umzug in ein neues Reich ist für das Tier mit großem Stress verbunden. Sie können diesen Stress minimieren, indem Sie sein gewohntes Futter, etwas gebrauchte Einstreu und vor allem sein gewohntes Nest, vielleicht sogar mit Haus, in die Transportbox geben und später auch im Gehege anbieten. Lassen Sie sich auch etwas gebrauchte Einstreu einpacken und streuen Sie diese im Gehege aus, dann riecht das neue Gehege gleich vertraut.

Die Heimfahrt: Die Fahrt und der Aufenthalt in der Transportbox sollten so kurz wie möglich sein. Fahren Sie direkt nach Hause, auf keinen Fall dürfen nach dem Kauf noch ein Einkaufsbummel oder ein anderer Umweg auf dem Programm stehen. Vor allem im Sommer kann die Hitze im Auto, verbunden mit dem massiven Stress der Autofahrt, zu einem lebensgefährlichen Kreislaufkollaps führen. Achten Sie also auf ein angenehmes Klima im Auto, stellen Sie die Klimaanlage aber weder zu kühl noch zu warm ein. Die Transportbox muss im Sommer gut belüftet sein, im Winter trotz guter Belüftung zusätzlich isoliert werden. Transportieren Sie den Hamster am besten in den frühen Morgen- oder späten Abendstunden. Damit der Hamster auch während der Fahrt genug Flüssigkeit bekommt, bieten Sie eine halbe Gurkenscheibe an.

Ankunft: Zu Hause angekommen, wird erst die mitgebrachte Einstreu verstreut und dann sollte der Hamster vorsichtig mit seinem Nest in das Gehege gesetzt werden. Nun braucht der Zwerg erstmal viel Ruhe. Er wird aufgeregt sein neues Reich inspizieren und markieren, und dabei möchte er nicht gestört werden. Beobachten Sie den Hamster aus einiger Entfernung, aber bitte führen Sie dabei keine Unterhaltung und fassen Sie nicht nach dem Tier. Verändern Sie in den zwei bis drei Wochen nach dem Einzug nichts im Gehege. Bieten Sie nur täglich frisches Wasser und Futter an und kontrollieren

Ihr neuer Mitbewohner sollte in Ruhe sein neues Reich erkunden dürfen.

Sie durch Hochklappen der Häuserdeckel, wo der Hamster wohnt und ob er Frischfutter bunkert (siehe S. 66). Auch das Reinigen der Pinkelecke ist frühestens nach einer Woche nötig.

Freundschaft schließen

Nach etwa einer Woche, oder wenn der Hamster ohnehin immer schon neugierig angelaufen kommt, können Sie anfangen, sich mit dem kleinen Wesen anzufreunden. Reden Sie ihn mit ruhiger Stimme an. Nennen Sie ihn oft beim Namen, er wird den Klang seines Namens bald mit Ihnen in Verbindung bringen. Bieten Sie ihm Leckerchen wie Kerne und Nüsse auf der flach ausgestreckten Hand an. Bald wird er dann die Hand neugierig erkunden und sich die Leckerbissen holen. Es kann sein, dass er dabei zwischen den Fingern scharrt oder hineinzwickt. Auch

wenn es schmerzt, bleiben Sie ruhig und setzen den Hamster gegebenenfalls vorsichtig ab.

UMGANGSREGELN

- Legen Sie die Hand niemals direkt vor das Haus mit dem Schlafnest, das würde er als Bedrohung sehen und könnte dann zubeißen.
- Wecken Sie den Zwerghamster niemals, um mit ihm zu spielen, dadurch würde er unter massivem Stress stehen.
- Lassen Sie den Hamster nach dem Aufstehen so lange in Ruhe, bis er von selbst zeigt, dass er nun Zeit für Sie hat.
- Zwerghamster nehmen ihre Umgebung sehr stark über Gerüche wahr. Benutzen Sie immer dieselbe Seife und besser kein Parfüm, wenn Sie sich ihm nähern. Ist er sehr scheu, reiben Sie Ihre Hände in benutzter Einstreu, damit sie bekannt riechen.
- Stecken Sie niemals Futter durch das Käfig-

Hochnehmen

Lassen Sie den Hamster in einen großen Becher oder Messbecher mit etwas Futter laufen. Damit er nicht herausspringt, decken Sie dann das Behältnis sofort mit der Hand ab. Oder Sie umfassen ihn vorsichtig mit beiden Händen und bilden so eine Höhle, um ihn beim Tragen zu schützen. Heben Sie den Hamster niemals hoch, indem Sie ihn am Nacken fassen. Das bereitet ihm Schmerzen und zuvor gesammelte Futterbrocken können dabei die Backentaschen verletzen!

gitter, das animiert das Tier zum Gitternagen und könnte auch dazu führen, dass er alles beißt, was sich durch die Gitterstäbe nähert.

So sind Zwerghamster

Jeder Zwerghamster ist eine eigenständige Persönlichkeit. Jeder hat seine kleinen Macken und Vorlieben und keiner gleicht dem anderen. Aber sie alle haben gemeinsame Verhaltensweisen, die Sie kennen und respektieren sollten.

- **Männchen machen** ist fast immer ein Zeichen erhöhter Aufmerksamkeit. Dabei steht der Hamster auf den Hinterbeinen und schnuppert in die Luft. Manche Hamster betteln auch so um Leckerbissen.
- **Ausgiebiges Putzen** ist häufig eine Übersprungshandlung, wenn der Zwerghamster gerade nicht weiß, was er tun soll. Aber natürlich betreiben die Zwerge auch eine intensive Fellpflege.
- **Kreischt** der Hamster, hat er sich sehr erschrocken – geben Sie ihm die Möglichkeit, sich zu beruhigen.
- **Zusammengefaltete Ohren** zeigen an, dass der Hamster gerade erst aufgestanden ist. Lassen Sie ihn in Ruhe seine Morgentoilette erledigen, bevor Sie ihn ansprechen.
- **Fauchen** mit aufgerissenem Mäulchen oder aufgeblähten Backentaschen ist ein Warnsignal. Reißt er das Mäulchen auf und streckt sich dabei, ohne zu fauchen, gähnt er allerdings nur.
- **Vorsichtiges Laufen** mit dem Bauch fast am Boden und ggf. Rückwärtsgehen sind ein Zeichen von Angst und Unsicherheit.

Zwerghamster kennenlernen

Eigenarten

Es gibt auch einige Verhaltensweisen, die uns Halter stören. Nicht selten sind wir allerdings selbst der Auslöser für das negative Verhalten. Der Zwerghamster kann nicht aus seiner Haut, viele seiner Verhaltensweisen sind vorprogrammiert. Deshalb müssen wir versuchen, sie zu verstehen und darauf einzugehen.

- **Nagt der Hamster am Gitter,** ist das häufig ein Zeichen von Langeweile in einem zu kleinen und uninteressant eingerichteten Gehege, in dem möglicherweise auch das passende Laufrad fehlt. Es kann auch ein Zeichen von Stress sein, wenn die Umgebung des Hamstergeheges zu laut ist, andere Tiere in der Nähe sind oder der Hamster oft geweckt oder zu wild bespielt wird. Artgenossen im selben Zimmer können massives Gitternagen auslösen. Ebenso fühlen sich Hamster nicht sicher und versuchen zu

Markieren

Zwerghamster besitzen eine Duftdrüse am Bauch, diese ist bei Männchen ausgeprägter als bei Weibchen und kann für die menschliche Wahrnehmung auch unangenehm riechen. Wenn Hamster erwachsen werden, fangen sie an, ihr Revier damit zu markieren. Sie rutschen dann mit dem Bauch über alle Stellen, die markiert werden müssen. Auch nach der Gehegereinigung wird zuerst alles neu markiert.

Vorsichtig erkundet der junge Campbell sein neues Reich.

Der Zwerghamster zieht ein **57**

entkommen, wenn ihr Gehege zu häufig gereinigt und das Futterdepot entfernt wird.
- **Beißt der Hamster die Hand,** die ihn füttert, kann es dafür viele Ursachen geben. Die Hand liegt zu nah an seinem Nest, die Hand riecht falsch bzw. fremd, der Hamster wurde geweckt oder bei anderen Tätigkeiten gestört. Manche Hamster beißen auch aus Gier in die Hand oder weil sie einfach schauen wollen, wie weit sie gehen können. Schubsen Sie den Hamster in dem Fall mit dem Finger ganz vorsichtig weg und zeigen Sie ihm so, dass er dann kein Leckerchen bekommt. Hat der Hamster bisher nicht gebissen, könnte das Beißen auch ein Zeichen von Schmerzen und einer beginnenden Krankheit sein!
- **Verschmutzt der Hamster sein Häuschen mit Urin,** ist das sicher sehr unangenehm.

Futter im Nest

Wilde Zwerghamster sammeln mitunter mehrere Kilo Wintervorräte. Nur mit einem guten Futterpolster fühlen sie sich sicher. Unsere Zwerge versuchen auch für den Winter vorzubeugen, sie wissen ja nicht, dass wir sie füttern werden. Das Futterdepot aus gesammeltem Trockenfutter beruhigt sie. Entfernen Sie das gesammelte Futter nicht und legen Sie nach der Reinigung ein gleich großes Depot aus neuem Trockenfutter an die gleiche Stelle. Nur verderbliches Futter wie Gemüse oder Eiweißfutterreste müssen regelmäßig entfernt werden.

Normalerweise würde sich der Zwerghamster in seinem Bau eine spezielle Pinkelecke suchen. Aber Häuser mit nur einer Kammer bieten ihm diese Möglichkeit nicht. Es ist deshalb wichtig, ihm direkt am Haus eine überdachte und sichere Toilette anzubieten und herauszufinden, welche Einstreu er darin bevorzugt. Es wäre allerdings noch besser, wenn er ein Haus mit mehreren Kammern, ein sogenanntes Labyrinth oder Mehrkammerhaus, bekäme. Es gibt sogar welche mit integrierten Keramiktoiletten. Bleibt der Hamster unsauber, könnte das auch daran liegen, dass die Pinkelecke zu häufig gereinigt wird. Ein Zwerghamster, der zu jung von der Mutter getrennt wurde, hat noch keine Sauberkeit gelernt. Manche Hamster lernen es dann nie mehr. Allerdings ist es für Zwerghamster ein völlig normales Verhalten, wenn sie Kot zwischen ihren Vorräten verteilen. Diese getrockneten „Böhnchen" sollen ihr Futter und ihr Revier markieren. Da Zwerghamsterkot sehr trocken ist, siedeln sich dort im Normalfall und bei sauberer Haltung keine Bakterien an.

Zwerghamster unterwegs

Zwerghamster sind kleine Entdecker, die ihr Gehege natürlich auch mal verlassen möchten. Freilauf in der Wohnung ist allerdings nicht ganz ungefährlich.

Die kleinen Gesellen sind sehr flink und schneller unter einem Schrank, der Couch oder in einer engen Ecke verschwunden, als Sie ihnen folgen können. Draußen in der Welt warten auch vielfältige Gefahren wie Kabel, giftige Zimmerpflanzen, gekippte Fenster oder andere Haustiere auf sie. Die süßen Zwerge kommen beim Auslauf auch auf die unmöglichsten Ideen – der Teppich wird z. B. als prima Nistmaterial angesehen und die Türecke stört und muss angenagt werden. Da Zwerghamster im Auslauf auch so herrlich beschäftigt sind, möchten die kleinen Gesellen auch meist nicht wieder von selbst in ihr Gehege zurück. Anders als bei Mäusen klappt auch ein Auslauf auf dem Tisch oder dem Bett nicht. Hamster können keine Höhen einschätzen und fallen dann herunter.

Von Freilauf im Garten oder überhaupt außerhalb des Hauses sollte dringend abgesehen werden. Die Hamster entkommen schnell jeder Begrenzung und ein einmal entlaufener Zwerghamster ist im Garten nur sehr schwer wiederzufinden. Außerdem fallen die kleinen Wusler in das Beuteschema vieler Wildtiere und Katzen. Selbst wenn man direkt danebensteht, könnte so ein Greifvogel sich den Hamster von der Wiese pflücken.

Spielparadies: Bieten Sie Ihrem Hamster einen abgegrenzten Auslauf an. Diesen können Sie mit verschiedenen Einrichtungsgegenständen und verstreutem Futter interessant gestalten. Im Fachhandel bekommen Sie bereits fertige Gitterelemente, diese sind aber viel zu niedrig und halten einen kletterfreudigen Hamster nicht auf. Ein hamstersicherer Auslauf kann aber leicht gebaut werden. Kaufen Sie im Baumarkt Span-, Hartfaser-, Plexiglas- oder Bastlerglasplatten mit den Maßen 50 × 50 cm. Diese werden mit Gewebeklebeband locker miteinan-

Viel Platz für wuselige Zwerge.

Der Zwerghamster zieht ein

der verbunden und ergeben so einen variabel aufstellbaren und zusammenklappbaren Auslauf. Wenn Sie 12 Stück nehmen, bekommt der Auslauf eine Grundfläche von 2 m². Bleiben Sie trotzdem beim Auslauf immer dabei und achten Sie darauf, dass keine Klettergerüste zu nah am Rand stehen. Manche Hamster schaffen es einfach, überall rauszukommen.

Hier gibt es für kleine Entdecker viel zu erleben und zu erschnüffeln.

Buddelkiste: Wenn Sie genug Platz haben, können Sie Ihrem Hamster auch eine dauerhafte Buddelkiste zur Verfügung stellen. Verwenden Sie dafür einen Kasten mit einer Grundfläche von mindestens 1 m² und einer Kantenhöhe von 40 cm. Lassen Sie den Hamster niemals unbeaufsichtigt im Auslauf spielen, denn die niedrigen Wände sind kein echtes Hindernis für einen findigen kleinen Backenstopfer. Wenn Sie den Kasten allerdings mit einem Gitterdeckel versehen, können Sie ihn mit einer kurzen Röhre auch dauerhaft mit dem Gehege verbinden.

Eine Papprolle hilft mitunter dabei, die Scheu vor dem Menschen zu verlieren.

NUR FREIWILLIG!

Wird der Hamster vom Menschen in den Auslauf gesetzt, ist es für ihn sehr unangenehm, denn er wird aus seinem Revier gerissen und kann nicht dorthin zurück. Das versetzt ihn in Stress, er läuft panisch im Auslauf herum und versucht an vielen Stellen herauszukommen. Das hat mit Spaß im Auslauf wenig zu tun. Damit der Auslauf stressfrei vonstattengeht, sollte der Hamster selbst entscheiden, ob er in den Auslauf will oder nicht. Dafür können Sie beispielsweise Drainagerohre, lange Spieltunnel zum Ausziehen, Plastiktunnel für Frettchen oder andere gesicherte Übergänge verwenden, die vom Gehege zum Auslauf führen. Bieten Sie ihm den Auslauf vor allem zu seinen üblichen Aktivitätszeiten in den frühen Morgen- oder Abendstunden an.

AUSREISSER EINFANGEN

Wenn der Zwerg mal ausgerissen ist, müssen Sie sehr vorsichtig und überlegt vorgehen. Versuchen Sie herauszufinden, wo der Hamster sich aufhält. Legen Sie genau abgezählte Sonnenblumenkerne an verschiedenen Ecken des Raumes aus. Nimmt der Hamster sich an einer bestimmten Stelle sein Futter weg, wissen Sie, wo er sich befindet. Stellen Sie einen Pappkarton mit seinem Nest und einem kleinen Eingang vor sein Versteck. Viele Hamster ziehen freiwillig dort ein und können dann mit dem Karton zurück ins Gehege gebracht werden. Bleibt der Hamster nicht im Karton, dann befestigen Sie vor der Öffnung eine Klappe, die sich nur nach innen öffnet. Dazu kleben Sie einfach eine Stück Pappe, das größer als die Tür ist, von innen oben mit einem Klebeband fest – sodass es nur nach innen aufschwingt. Dann wird eine Futterspur in Richtung Karton gelegt. Nun brauchen Sie etwas Geduld.

Gefährliche Joggingbälle!

Auf keinen Fall sollten Sie durchsichtige geschlossene Kugeln, sogenannte Joggingbälle bzw. Laufkugeln, für die Beschäftigung Ihres Hamsters verwenden. In den häufig zu kleinen Kugeln herrscht eine schlechte Belüftung, der Hamster läuft in seinen eigenen Fäkalien und der Rücken biegt in den kleinen Kugeln zu stark durch. Da er seine Umgebung nicht riecht oder sieht, steht er massiv unter Stress. Die Verletzungsgefahr durch Anstoßen ist in den Kugeln sehr hoch.

Mit Futter im Karton lässt sich ein Hamster einfangen.

Naturnah und abwechslungsreich

Wild lebende Zwerghamster sind auf karge Kost eingestellt. Im Frühling und zu Beginn des Sommers ist der Futtertisch reich gedeckt – verschiedene Kräuter, Blüten, Gräser, Samen und Insekten stehen dann auf dem Speiseplan.

Schon im Spätsommer vertrocknen viele Pflanzen, und im Winter gibt es nur wenig Abwechslung. Unsere Heimtiere haben es besser, sie können jeden Tag ausgewogene Mahlzeiten zu sich nehmen.

Basisinfo

Dsungarische und Campbell-Zwerghamster: Der Anteil tierischer Nahrung beträgt bei Wildtieren etwa 40 %, Gräser- und Kräutersamen 40–50 %, andere Pflanzenbestandteile etwa 10–20 %.

Roborowski-Zwerghamster: Der Anteil an Gräser- und Kräutersamen liegt in freier Wildbahn bei um die 80 %, dazu kommt noch ein geringer Anteil tierischer Nahrung von etwa 10 % und andere Pflanzenteile von etwa 10 %.

Chinesische Zwerghamster: Diese Tiere haben ein sehr weites Futterspektrum. Der Anteil tierischer Nahrung liegt bei 30 %, der Kleinsämereien bei 50 % und dazu kommen 20 % andere Pflanzenteile.

Trockenfutter

Im Zoofachhandel und vor allem in verschiedenen Onlineshops sind fertige Trockenfuttermischungen zu bekommen. Mittlerweile gibt es in vielen Internetshops auch ganz spezielle Futtermischungen für jede Zwerghamsterart und sogar Diätfut-

An einer Kolbenhirse muss sich der kleine Sammler sein Futter erarbeiten.

Keimtest

Im Futter sollten keimfähige Samen und Getreide enthalten sein. Streuen Sie die Sämereien und das Getreide aus dem Zwerghamsterfutter auf ein feuchtes Stück Küchenpapier und halten Sie es feucht. Keimen die Samen, dürfen sie gern nach langsamer Gewöhnung als Beifutter angeboten werden.
Warnung: Bildet sich weißer und pelziger Schimmelbelag auf den Keimen, dürfen sie nicht mehr verfüttert werden!

ter für kranke Tiere. Zuckerzusätze wie Melasseschnitzel, Melasse, Honig oder Zucker sollten weder im Futter noch in den Leckerchen enthalten sein. Der Fettanteil sollte bei maximal 5 – 6 % liegen. Pellets und eingefärbte aufgepoppte Kroketten sind nicht optimal. Ein hochwertiges Futter besteht nur aus natürlichen und getrockneten Zutaten: Kleinsämereien, Hirse, Insekten, Trockenkräuter, -blätter, -blüten, Kerne, Getreide und sehr wenig getrocknetes Gemüse.

MENGE

Pro Tag benötigt ein Zwerghamster etwa einen Esslöffel Trockenfutter. Geben Sie zu Anfang die kleinste Menge Futter und achten Sie darauf, wie viel der Hamster davon bunkert oder verspeist. Bleibt nichts zum Bunkern übrig, steigern Sie langsam die Trockenfuttermenge. Wird nicht das gesamte Futter gebunkert oder suchen sich die Zwerge nur noch die leckersten Bestandteile heraus, dann geben Sie etwas weniger Futter.

SELBST MISCHEN?

Es ist möglich, sein Trockenfutter selbst zu mischen. Je mehr Einzelkomponenten das Futter enthält, umso besser wird es dem Hamster schmecken, und umso gesünder ist es. Dabei können Sie durchaus auf die Vorlieben Ihres Hamsters achten, mag er bestimmte Samen oder Kerne nicht, können Sie diese durch andere ersetzen.

Grassamen: Beispielsweise Kammgras, Rohrschwingel, Knaulgras, Weidelgras oder „Heublumen", nur ungedüngte Ware verwenden, keine Grassamen aus dem Baumarkt.

Ölsamen: Negersaat, Kardi, Perilla, Leinsaat, Chiasamen, Hanf, Mohn, Sesam, Leindotter.

Auf einem gesammelten Futterberg fühlt er sich so richtig wohl.

Naturnah und abwechslungsreich **65**

Hirse und Mehlsamen: Silberhirse, Japanhirse, Mannahirse, Platahirse, Bluthirse, Senegalhirse, Dari, Buchweizen, Amarant.

Wildsamen: Löwenzahn, Bockshornklee, Fenchel, Dill, Petersilie, Kerbel, Luzerne, Heublumen-, Wildblumen-, Gänseblümchensamen, Mariendistel.

Getreide: Gerste, Kamut, Roggen, Emmerweizen, Hafer, Buchweizen, Amarant. Für kranke, alte oder stark untergewichtige Hamster können alle Getreidearten auch als Flocken angeboten und wesentlich besser gefressen und leichter verdaut werden. Gluten ist für alle Getreidefresser kein Problem.

Getrocknete Kräuter/Blätter/Blüten: Sollten im Futter enthalten sein, um den Mineralhaushalt zu regulieren. Allerdings mögen nicht alle Hamster getrocknete Kräuter. Es muss einfach ausprobiert werden, was die Tiere gern fressen oder als Nistmaterial verwenden. Gegeben werden können: Brennnesselkraut, Brombeerblätter, Dill, Gänseblümchen, Grüner Hafer, Haselnussblätter, Hirtentäschelkraut, Kamille, Kornblumenblüten, Löwenzahnwurzel mit Kraut, Melisse, Petersilie, Pfefferminzblätter, Ringelblumenblüten, Sauerampferkraut, Schafgarbe, Sonnenblumenblüten, Spitzwegerichkraut, Vogelmiere und alle Arten von Süßgräsern.

Trockengemüse: Alle Trockengemüse enthalten viel Zucker und Stärke und sollten deshalb nur in sehr kleinen Mengen im Futter enthalten sein. Hamster, die stark diabetesgefährdet sind oder an Diabetes leiden (siehe S. 78), sollten kein Trockengemüse bekommen. Gegeben werden können Rote Bete, Möhren, Sellerie, Fenchel, Kohlrabi, Pastinaken, Petersilienwurzel, Gurke, Broccoli, Kürbis und als Flocken Erbsen, Reis, Ackerbohnen.

Trockene Früchte: Rosinen, aber auch getrocknete Äpfel, Birnen, Bananen und Hagebutten werden zwar vertragen, sollten aber wegen des extrem hohen Zuckergehaltes nicht verfüttert werden. Getrocknete Papaya, Mango und andere exotische Früchte können starke Magen-Darmreizungen auslösen und sind ebenfalls zu süß.

Nüsse/Kerne: Sonnenblumenkerne, Erdnüsse, Pinienkerne, Haselnüsse, Macadamia, Walnüsse, Pecannüsse, Kürbiskerne.

Tierisches Futter: Eiweißfutter kann auch getrocknet im Trockenfutter angeboten werden. Geeignet sind Mehlwurmlarven, Grillen, Bachflohkrebse und Garnelen.

Weitere trockene Bestandteile: Reisflocken, Erbsenflocken, Ackerbohnenflocken. Diese Flocken können als gelegentliches Leckerchen angeboten oder in sehr kleinen Mengen dem Futter beigemischt werden.

Rezept

100 g Grassamen, 100 g Wildsamen,
100 g Ölsamen, 200 g Hirse,
200 g Trockenkräuter, -blätter, -blüten,
50 g Getreide, 50 g Nüsse und Kerne,
50 g getrocknete Insekten, 20 g Trockengemüse/Flocken

Freundschaft schließen fällt leichter, wenn ein Kern in der Hand zu finden ist.

FUTTER LAGERN

Bewahren Sie das Trockenfutter nicht länger als 4 Monate auf. Fetthaltige Bestandteile könnten ranzig werden und Vitamine gehen bei langer Lagerung verloren. Lagern Sie das Futter in gut verschließbaren Dosen, um es vor Motten und anderem Ungeziefer zu schützen.

Grün und saftig

Frischfutter gehört täglich auf den Speiseplan. Es versorgt den Zwerg mit Vitaminen, Flüssigkeit, Ballaststoffen und sekundären Pflanzenstoffen.

JEDEN TAG FRISCH

Jeden Abend möchte ein Zwerghamster einen Napf mit frischem Saftfutter vorfinden. Um Mangelerscheinungen vorzubeugen, sollte dabei ein wenig variiert werden. Im Sommer wäre eine Handvoll frisches Grün von der Wiese das gesündeste Futter für unseren Hamster. Gräser und Kräuter bieten Proteine, Vitamine und Mineralien. Dazu dürfen gern ein paar fingernagelgroße Stückchen Gemüse oder kleine Blättchen Salat in den Napf. Sie können dabei natürlich auch auf die Vorlieben Ihres Hamsters eingehen. Frisst der Zwerg den Frischfutternapf mit Heißhunger leer, dann bieten Sie mehr an. Mag er Grünfutter oder Gemüse nicht, versuchen Sie andere Sorten. Entfernen Sie jeden Abend nicht verzehrtes Frischfutter und kontrollieren Sie das Nest, um gebunkertes Frischfutter zu entfernen. Gammelndes Gemüse und welkes Grün im Gehege können schwere Krankheiten hervorrufen.

Neue Zwerghamster müssen langsam an das ungewohnte Frischfutter gewöhnt werden. Vor allem im Frühling ist auch eine langsame Gewöhnung an das frische Grün von der Wiese unumgänglich. Steigern Sie dann bitte die Menge nur sehr langsam und geben Sie nur mehr, wenn der kleine Fellpopo sauber bleibt und es nicht zu Durchfall kommt.

Naturnah und abwechslungsreich **67**

Gemüse: Die Auswahl an geeignetem Gemüse ist groß, vor allem Fenchel, Möhren, Gurken, Zucchini, Pastinaken und Paprika stehen das ganze Jahr über frisch zur Verfügung. Salate wie Feldsalat, Chicoree, Eisbergsalat, Endiviensalat, Romanasalat und Bio-Kopfsalat enthalten zwar viel Nitrat, sind aber in kleinen Mengen unbedenklich. Nicht alles, was „Kohl" heißt, bläht auch: Für die Zwerghamsterernährung sind Chinakohl, Broccoli, Blumenkohl, Kohlrabi, Grünkohl und der beliebte Rucola durchaus geeignet. Auf Weißkohl, Rotkohl, Rosenkohl und Wirsing sollte allerdings verzichtet werden.

Obst: Frisches Obst darf wegen des hohen Zuckergehaltes nur maximal einmal die Woche als kleines Leckerchen angeboten werden. Bei Hamstern, die zu Diabetes neigen, muss man darauf verzichten! Verschiedene Beeren eignen sich gut, vor allem Erdbeeren (nur ein Viertel), Heidelbeeren, Stachelbeeren, Himbeeren und Brombeeren. Äpfel und Wassermelonen werden vor allem im Sommer gern genommen. Auf Steinobst wie Pflaumen und Pfirsiche, Zitrusfrüchte wie Zitronen, Orangen, Mandarinen, exotisches Obst wie Papaya, Kumquat, Litchi und Mangos sollte verzichtet werden.

Kräuter und Co.: Im Sommer lassen sich auf Wildwiesen vor allem Löwenzahn mit Blüten, Schafgarbe, Spitzwegerich, Breitwegerich, Giersch, Gänseblümchen, Ringelblumen, Vogelmiere, Malven, Kornblumen und natürlich verschiedene Gräser mit Ähren und Rispen finden. Diese können in größeren Mengen verfüttert werden. Sammeln Sie nur Pflanzen, die Sie als ungiftig für Hamster kennen. Meiden Sie gedüngte Felder, Straßenränder sowie Grünstreifen, die als „Hundeklo" bekannt sind. Vor allem im Winter oder wenn keine sauberen Wildwiesen zur Verfügung stehen, werden auch frische

Wie viele Möhrenstreifen passen wohl in die Backentaschen?

Frisches Grünfutter wird unverzüglich verspeist.

Küchenkräuter wie Petersilie, Melisse, Basilikum und Oregano angeboten.

Das ganze Jahr über ergänzen getrocknete Kräuter und Blüten den Speiseplan. Diese können gern in größeren Mengen in Heuberge gestreut werden. Zwerghamster nutzen sie auch als Nistmaterial und können sich an diesen Futtermitteln nicht überfressen.

Vorsicht! Giftige **Doppelgänger** beliebter Futterpflanzen: **Giersch** hat einen dreieckigen Stängel und schmeckt nach Petersilie, der giftige Doppelgänger Taumel-Kälberkropf hat einen rot gefleckten borstigen Stängel.
Schafgarbe riecht aromatisch, die Blätter der Doppelgänger Schierling und Rainfarn riechen unangenehm.
Vogelmiere blüht weiß, der unverträgliche Acker-Gauchheil blüht rot oder blau.

Gesund und wichtig

Wilde Zwerghamster sind richtige kleine Jäger, sie erbeuten auf ihren Streifzügen verschiedene Würmchen, Larven, Käfer und andere Insekten. Natürlich können auch unsere Heimtiere nicht auf tierisches Eiweiß verzichten, wird es ihnen vorenthalten, kommt es zu Mangelerscheinungen.

Eiweißfutter: Obwohl in hochwertigen Futtermischungen schon Eiweiß enthalten ist, sollte zwei- bis dreimal die Woche noch zusätzlich tierische Nahrung angeboten werden.

Wenn Sie sich vor Insekten nicht ekeln, können Sie Ihrem Hamster einmal die Woche eine lebende Mehlkäferlarve anbieten. Damit die Mehlkäferlarven gesund und vitaminhaltig sind, werden sie in einem großen Glas oder einem kleinen Faunarium untergebracht. Als Nahrung dienen Haferflocken, Kleie, Mehl und etwas Gurke oder Salat. Um Schimmel vorzubeugen, wird das Faunarium regelmäßig gereinigt. Verfüttern Sie die Würmchen nur von Hand und achten Sie darauf, dass Ihr Hamster dem Leckerbissen den Kopf abbeißt, bevor er ihn in den Backentaschen verstaut.

Sie können auch gern Heimchen oder Grillen anbieten. Dem Hamster beim Einfangen der fliegenden und hüpfenden Beutetiere zuzuschauen ist sehr spannend. Wenn Sie lieber getrocknetes Eiweißfutter anbieten möchten, können Sie auf Bachflohkrebse, Grillen und Garnelen zurückgreifen.

Verarbeitete Milch in Form verschiedener Milchprodukte wie Magerquark, Magermilchjoghurt oder Hüttenkäse sind beliebt und werden

Zweige und Blätter werden mit Begeisterung erkundet und gefressen.

von fast jedem Hamster gern genommen. Mehr als ein halber Teelöffel pro Woche sollte aber nicht angeboten werden. Frische Milch in reiner Form ist tabu. Ausgewachsene Zwerghamster haben eine Lactose-Intoleranz. Zu viele Milchprodukte und Frischmilch führen zu Durchfall.

Auf Hackfleisch und anderes unzubereitetes Fleisch sollte absolut verzichtet werden, es enthält zu viele Bakterien und fault sehr schnell, es kann auch nur unzureichend verdaut werden. Frischer und ungewürzter Tofu ist eine tolle Alternative dazu.

Zweige: Äste und Zweige von verschiedenen Bäumen und Sträuchern sollten immer zum Benagen im Käfig vorhanden sein. Besonders hochwertig sind Kernobstbäume wie Apfel, Birne und Quitte. Auch Zweige von Birken, Weiden, Linde, Kirsche, Pflaume, Hainbuche, Pappel, Haselnuss, Johannis- und Heidelbeere sind geeignet. Natürlich dürfen auch gern frische oder getrocknete Blätter an den Zweigen bleiben. Thuja, Zypressen, Eibe, Kastanie, Eichen und alle Nadelbäume sind unverträglich.

Wasser und Vitamine: Selbstverständlich muss jeden Tag frisches Wasser angeboten werden. In Deutschland eignet sich Leitungswasser

Selbstverständlich darf sauberes Wasser am Futterplatz nicht fehlen.

Gesunder Speiseplan

am besten. Sollte es sehr kalk- oder nitrathaltig sein, muss auf kohlensäurefreies nitratarmes Mineralwasser zurückgegriffen werden. Vitaminzusätze im Wasser sind unnötig und können bei Überdosierung sogar ungesund sein.

Nicht geeignet: Grüne Kartoffeln und Keime, grüne Tomaten, Spinat, Rhabarber, unreife Aubergine, unreife Avocado und unverarbeitete Hülsenfrüchte sind unverträglich.
Joghurtdrops, Knabberstangen und andere Leckerchen, die Honig, Zucker oder viel Fett enthalten, sind ungesund.
Schokolade, Kekse, Bonbons und andere Süßigkeiten sind für Hamster lebensgefährlich, da sie zu Vergiftungen führen können und Zucker die Backentaschen verkleben kann.

Erlebnisfutter

Zwerghamster verbringen in freier Wildbahn einen großen Teil ihrer Zeit damit, Futter zu suchen und einzusammeln. Futterspiele und verstecktes Futter dienen dazu, ein wenig Action in das Zwerghamsterleben zu bringen.

Die Futtersuche wird interessant gestaltet. Dabei muss sich der Backenstopfer ordentlich anstrengen, um an seine Körnchen zu kommen. Fangen Sie aber immer mit einfachen Verstecken an und überfordern Sie den kleinen Nager nicht. Bieten Sie immer einen Teil des Futters unversteckt an.

Um zu verhindern, dass Gemüse gebunkert wird, kann es auf einem Futterspieß aufgesteckt und im Gehege aufgehängt werden. Der Spieß darf aber auf keinen Fall frei schwingen, sondern

Hamsterkekse

Eine sehr fein geriebene Möhre oder ein geriebenes Stück Pastinake, 2 Löffel Hirse, 2 Löffel zerkleinerte Trockenkräuter (gemischte oder z. B. Löwenzahn pur), nach Belieben noch ein paar Sonnenblumenkerne draufstreuen oder geriebene Nüsse zugeben. Alles zu einem festen Teig vermengen, wird es zu fest, etwas Wasser zugeben, ist der Teig zu weich, ein paar feine Haferflocken dazugeben. Der Teig kann zu kleinen Kugeln geformt oder auch mit Förmchen ausgestochen werden. Bei ca. 100 °C auf einem mit Backpapier ausgelegten Backblech im Ofen solange trocknen lassen, bis die Kekse ganz fest sind. Diese in einer gut schließenden Keksdose aufbewahren und sparsam verfüttern.

sollte immer am Boden aufliegen. Es dauert schon eine ganze Weile, bis eine dicke Möhrenscheibe vom Spieß genagt ist. Getreideähren, Rispen, Trockenkräuter und Hirsekolben können mit Holzwäscheklammern an Gittern oder Eta-

Naturnah und abwechslungsreich

gen angebracht werden. Auf senkrecht in einen Stein gesteckte Äste werden Frischfutterstückchen aufgespießt. Achten Sie darauf, dass der Hamster sich hier nicht verletzen kann, er darf nicht in Astgabeln fallen, und die Äste sollten wirklich nicht höher als 10 cm in die Luft ragen.

Futtersuche: Damit der Zwerghamster ein wenig Beschäftigung bei der Futtersuche hat, sollten Sie das Trockenfutter im Gehege verteilen. Wenn er es noch nicht kennt, muss er das Futtersuchen erst lernen. Verstreuen Sie das Futter zuerst nur um den Napf herum. Mit der Zeit können Sie das Futter überall im Gehege verteilen. Achten Sie darauf, dass Kleinsämereien gut gefunden werden, streuen Sie diese z. B. auf Etagen. Es sollte natürlich auch kein Futter in der Toilette landen.

Verstecke: Verstecken Sie das Futter an verschiedenen Stellen im Gehege. Ein senkrecht aufgestellter Ziegelstein mit Löchern wird zu einer Futterwand. Hier muss sich der Zwerghamster schon sehr anstrengen, um an sein Futter zu kommen. Streuen Sie Trockenfutter in kleine Heuberge. Wickeln Sie Futter in Taschentücher und stecken Sie diese in saubere Eierkartons oder Papprohren, dann sammelt der Hamster gleichzeitig Nistmaterial. Erdnüsse mit Schale und Kerne können in den Erdbuddelkasten oder in den Sand gesteckt werden.

Bunte Wiese: Bieten Sie Ihrem Zwerghamster doch mal eine kleine Wiese im Gehege an. Dafür eignen sich große Blumenuntersetzer aus Ton. Auf ungedüngter Erde oder in feuchten Küchentüchern werden verschiedene Kräuter- und Grassamen oder auch Getreide ausgestreut. Halten Sie die kleine Wiese feucht, achten Sie aber darauf, dass sich kein Schimmel bildet. Wenn das Grün etwa 10 cm hoch ist, können Sie die Wiese zum Fressen und Auseinandernehmen direkt im Gehege anbieten.

Futter suchen bringt Action und Bewegung in das Zwergenleben.

Pflege und Gesundheitsvorsorge

Natürlich möchten wir, dass es unserem kleinen Hausgenossen an nichts fehlt. Aber aus falsch verstandener Tierliebe werden gerade bei Zwerghamstern häufig viele Fehler gemacht.

Durch zu viel Reinlichkeit stehen sie unter Stress und die gut gemeinte Sauberkeit kann unsere Hamster sogar krank machen.

Sauberkeit

Zwerghamster sind von Natur aus normalerweise sehr sauber. Wenn ihr Gehege entsprechend eingerichtet ist, urinieren sie nur in bestimmte Ecken und koten fast nur im Nest. Es kommt deshalb kaum zu einer massiveren Geruchsbelästigung oder Keimbelastung im Gehege. Das ist ein Glücksfall, denn Studien belegen, dass Zwerghamster nach dem Reinigen ihres Geheges sehr stark unter Stress stehen. Das wundert uns eigentlich auch nicht, denn bei einem Streutausch räumen wir ihnen ja den gesamten Lebensraum um und alles riecht plötzlich fremd. Deshalb müssen Sie bei der Reinigung sehr behutsam vorgehen.

GEHEGE REINIGEN

Vor der Reinigung wird das komplette Nest vorsichtig mit dem Hamster in die Transportbox gegeben und in einen ruhigen Raum gestellt, bis Sie mit den Aufräumarbeiten fertig sind. Alternativ kann er auch für die Zeit in seinen Auslauf gesetzt werden (siehe S. 57f.). Bei großen Gehegen ist eine komplette Reinigung meist unnötig. Es werden nur die Pinkelecken gesäubert und sichtbare Verschmutzungen entfernt. Nur maximal alle acht Wochen wird eine Seite des Geheges gereinigt, während die andere Seite unverändert bleibt. Bei großen Gehegen ab 1 m^2 Grundfläche sind Reinigungen nur zwei Mal pro Jahr nötig. Reinigen Sie das Gehege nur mit heißem Wasser und bei Bedarf mit unparfümierter Seife. Stellen Sie direkt nach der Käfigreinigung keine Einrichtungsgegenstände um. Alles sollte so stehen wie vorher, dann beruhigt sich der Hamster wieder schneller. Nach der Reinigung bekommt er sein Nest zurück, nur feuchte oder beschmutzte Teile werden ausgetauscht. Der

Stress mich bitte nicht!

Futtervorrat wird kontrolliert und nach etwa vier Wochen sollte er entfernt werden. Legen Sie aber immer einen frischen Futtervorrat in das Nest zurück, denn ganz ohne Vorrat steht der Zwerghamster extrem unter Stress.

Nur wenn der Hamster sehr unsauber und die Einstreu an vielen Stellen stark verschmutzt ist, muss das gesamte Gehege leider häufiger gründlich gereinigt werden. Auch dann sollte man immer nur eine Hälfte des Geheges säubern. Behalten Sie aber auch hier nach Möglichkeit saubere Teile des Nestes, geben Sie dem Hamster auf jeden Fall einen Futtervorrat nach der Reinigung und sorgen sie danach für viel Ruhe.

Regelmäßige Pflegearbeiten
- **Täglich** werden Frischfutterreste entfernt sowie die Futter- und Wasserschalen gereinigt und frisch befüllt.
- **Wöchentlich** werden Pinkelecken gesäubert.
- **Einmal im Monat** wird verschmutzte Einstreu partiell ausgetauscht.
- **Einzelne verschmutzte Einrichtungsgegenstände und Käfigwände/-gitter** werden bei Bedarf gebürstet oder abgespült.

Urlaub für Zwerghamster

Wenn Sie nur bis zu zwei Nächte außer Haus sind, könnten Sie den Hamster mit ausreichend Futter und Wasser alleine lassen. Fahren Sie aber länger in den Urlaub, ist es notwendig, sich um eine Betreuung zu kümmern. Idealerweise wird der Hamster in seinem eigenen Zuhause täglich von einem zuverlässigen Nachbarn oder Freund versorgt. Ist das nicht mög-

Schorschi bleibt im Urlaub lieber daheim.

lich, sollte er wenigstens sein gewohntes Gehege mitbekommen. Längere Urlaubsfahrten oder Aufenthalte in fremden Urlaubsgehegen sollten vermieden werden!

Gesundheitsvorsorge

Wenn Zwerghamster erkranken, zeigen sie häufig fast normale Verhaltensweisen und versuchen so lange wie möglich, ihr normales Leben aufrechtzuerhalten. In freier Wildbahn ist das überlebenswichtig, denn sie müssen ja trotz Krankheit Futter suchen und ihr Revier verteidigen. Ist ein Zwerghamster aber schon sichtbar erkrankt, ist es für eine erfolgreiche Behandlung fast schon zu spät. Deshalb ist es lebenswichtig,

Krallenkontrolle ist wichtig, allerdings bei so winzigen Füßchen mitunter schwierig.

nach dem Feststellen einer Erkrankung mit dem Hamster unverzüglich einen Tierarzt aufzusuchen. Durch den schnelleren Stoffwechsel verlaufen Krankheiten bei einem Hamster schneller, und für uns harmlos erscheinende Erkrankungen können bei Zwerghamstern innerhalb weniger Stunden zum Tod führen.

WÖCHENTLICHER GRÜNDLICHER CHECK

Neben dem täglichen Gesundheitscheck sollten Sie den Hamster jede Woche einmal gründlich untersuchen.

- Führen Sie eine **Gewichtskontrolle** durch und schreiben Sie sich das Gewicht auf. Wenn der Zwerg zu zappelig für Ihre Küchenwaage ist, dann wiegen Sie ihn in seiner Transportbox und ziehen Sie danach das Gewicht der Box ab, oder kaufen Sie eine flache Digitalwaage. Auf diese können Sie den Hamster möglicherweise mit etwas Futter locken.
- Schauen Sie auf **Maul, Nase, Ohren** und **After**. Achten Sie darauf, dass diese sauber und frei von klebrigen Absonderungen oder

Täglicher Check
Achten Sie täglich auf Krankheitszeichen bei Ihrem Zwerghamster:

- Wird er zur gewohnten Zeit wach? Ist er an seiner Umgebung interessiert?
- Läuft er so lange wie sonst auch im Laufrad und bewegt er sich normal?
- Sucht er sein Futter und frisst er die gewohnte Menge Frischfutter?
- Füllt und entleert er seine Backentaschen regelmäßig beidseitig?
- Kratzt er sich oder benimmt er sich sonst auffällig?
- Sieht er normal aus und sind die Augen klar und glänzend?
- Stehen die Öhrchen aufrecht?

anderen Verschmutzungen sind.
- Untersuchen Sie das **Fell** des Zwerges sehr gewissenhaft. Achten Sie dabei auf Fellverlust und Verletzungen.
- Tasten Sie den Zwerg sehr vorsichtig ab, um Wucherungen, Aufgasungen und Verletzungen der Gliedmaßen zu erkennen.

VÖLLIG NORMAL

Einiges, was uns außergewöhnlich erscheint, ist allerdings für Hamster völlig normal. Vor allem beim Chinesischen, aber auch bei den Dsungarischen und Campbell-Zwerghamstern schwellen während der Pubertät und im Sommer zur Paarungszeit die Hoden massiv an.

Zwerghamstermännchen können an den Bauchduftdrüsen stark sekretieren und dort auch stark riechen. In den Flanken besitzen Chinesische Zwerghamster schwarz pigmentierte Seitendrüsen, diese sind mitunter feucht und können mit Hautkrankheiten verwechselt werden.

KRANKHEITSAUSLÖSENDE FAKTOREN

Folgende Faktoren begünstigen die Entstehung von Krankheiten.

Stress: Wird der Hamster häufig geweckt, steht er an einem unruhigen Ort mit lautem Fernseher oder ständigem Türenknallen, lebt er in einer Gruppe, in der es Rangkämpfe gibt oder wird der Käfig zu häufig gereinigt, dann stehen Hamster unter Stress. Dieser Stress lässt das Immunsystem erlahmen.

Unsauberkeit: Wird das Gehege zu selten gereinigt, können sich krankheitserregende Bakte-

Schläft der Hamster viel mehr oder kommt er nicht mehr aus dem Nest, ist er sehr krank.

rien, Schimmel und Parasiten ausbreiten.

Sauberkeit: In einem zu häufig desinfizierten

Tipp zur Zahnkontrolle
Die ständig nachwachsenden Vorderzähne müssen regelmäßig kontrolliert werden. Stehen Sie so zueinander, dass sie sich gut abnutzen können? Ist die Vorderseite gelb-orange und splittern sie nicht? Damit der Zwerg seine Schneidezähne zeigt, halten Sie ihm ein Leckerchen über den Kopf, danach wird er sich mit offenem Mäulchen recken. Bieten Sie zur Zahnpflege frische Zweige und harte, zuckerfreie Hundekekse an.

Pflege und Gesundheitsvorsorge

Käfig können die Tiere keine Abwehrkräfte bilden, das Immunsystem erlahmt. Durch das häufige Entfernen der eigenen Gerüche stehen Zwerghamster in zu sauberen Gehegen ständig unter massivem Stress.

Falsche Gehegeeinrichtung: Plastikhäuser und -röhren, Häuser mit Nägeln und Klebestellen und falsche Laufräder bieten viele Verletzungsgefahren. Minderwertige Holzhäuser bieten einen Nährboden für Pilze, austretende Harze können das Fell verkleben und ätherische Öle aus Hölzern die empfindlichen Atemwege reizen.

Falsches Gehege: In zu kleinen Aquarien, falschen Terrarien und Plastikkäfigen herrscht ein warmes und feuchtes Klima, in dem sich Bakterien stark vermehren und der Luftaustausch schlecht ist. Durch die Enge in kleinen Gehegen stehen die Tiere unter Stress.

Trockene Heizungsluft und Durchzug: Beides kann die Atemwege reizen.

Schlechte Ernährung: Die Abwehrkräfte der Zwerge werden bei zu einseitiger Ernährung durch Vitamin- und Mineralienmangel geschwächt. Wird das Tier zu fett- oder zuckerhaltig ernährt, kann Übergewicht die Gelenke schädigen und zu Diabetes führen.

KRANKHEITSZEICHEN UND IHRE BEDEUTUNG

Wenn Sie Ihren Zwerghamster täglich beobachten und ihn schon ein wenig kennen, werden Ihnen Veränderungen schnell auffallen. Egal

Struppiges Fell kann, außer bei entsprechenden Rassen, ein Krankheitszeichen sein!

Liebevoll umsorgt

Backentaschen

Hat ein Hamster Probleme mit seinen Backentaschen, füllt und entleert er diese nicht mehr richtig oder riecht streng aus dem Maul. Der Hamster sammelt kein Futter mehr und streicht häufig mit seinen Pfötchen über die Backentaschen. Die Ursachen dafür sind vielfältig:
- Zuckerhaltige Futtermittel verkleben in den Backentaschen und machen dann ein Entleeren unmöglich.
- Hamsterwatte oder Fäden von Stoffen bilden mit Futter einen Ballen in den Backentaschen.
- Infektionen, Zahnentzündungen oder Verletzungen durch spitze Futterbestandteile können zu Abszessen an den Backentaschen führen.

welches Krankheitszeichen Sie feststellen, gleich nach der „ersten Hilfe" führt der nächste Weg unverzüglich zu einem Tierarzt.

Diabetes: Vor allem Campbell-Zwerghamster und Hybriden bekommen häufiger Diabetes Typ 2. Die Zellen verlieren die Fähigkeit, Glukose aufzunehmen, was zu einer erst verstärkten Produktion von Insulin und dann zu einem Kollaps der Bauchspeicheldrüse und einer verminderten Insulinproduktion führt. Meist erkranken Tiere ab ca. 8 Monaten. Seltener kommt es zu Diabetes Typ 1, hier erkranken meist sehr junge Tiere ab 3 Monaten. Es handelt sich um eine Störung des Immunsystems, das körpereigene Zellen, vor allem der Bauchspeicheldrüse, zerstört, welche die Produktion von Insulin langsam ganz einstellt. Tiere mit dieser schweren Erkankung versterben früh. Die Anzeichen für Diabetes sind: vermehrtes Trinken, vermehrte Futteraufnahme, Aktivitätssteigerung und Aktivitätsverlust wechseln sich ab. Eine Urinprobe beim Tierarzt gibt dann Gewissheit über die Erkrankung. Die erkrankten Tiere bekommen ein zuckerarmes Futter: Trockengemüse, Trockenobst und frisches Obst werden vom Futterplan gestrichen, zuckerhaltige Leckerchen sollten ohnehin nie gegeben werden. Auf eine ausreichende Flüssigkeitszufuhr muss genauso geachtet werden sowie auf eine abwechslungsreiche Ernährung und viele Bewegungsmöglichkeiten.

Gewichtsverlust: Ein deutlicher Gewichtsverlust von über 5 g in einer Woche oder ein stetig langsamer Gewichtsverlust über eine längere Zeit weist häufig auf eine beginnende Krankheit hin. Ein krankhafter Gewichtsverlust ist schon daran zu erkennen, dass das Schwänzchen des Zwerges durch den Fettverlust am Schwanzansatz und eingezogene Hoden beim Männchen länger aussieht. Eingefallene Flanken sind ebenfalls ein Zeichen für eine Gewichtsabnahme oder dauerhaftes Untergewicht.

Übergewicht: Dies kann verschiedene Krankheiten auslösen. Übergewichtige Tiere sind rund, haben Fettwülste über den Beinchen und lassen keine Taille mehr erkennen, wenn sie sich strecken. Ein ausgewogener Futtermix, ein hamstergerechtes Laufrad, Bewegung im Auslauf und in einem großen Gehege beugen Übergewicht vor. Einige Farbzüchtungen wie Mandarin und Camel bekommen von Natur aus Übergewicht, sie dürfen nicht auf Diät gesetzt werden.

Fellveränderungen: Kahle Stellen, kleine Verletzungen, Hautveränderungen und häufiges Kratzen weisen auf einen Parasiten- oder Pilzbefall hin. Es könnte aber auch sein, dass der Hamster sich an zu kleinen Öffnungen von Spielzeugen das Fell abscheuert. Ist das Fell gesträubt und ungeputzt, weist das auch auf Krankheit, Stress oder hohes Alter hin. Struppiges Fell kann auch durch die Verwendung eines falschen Badesandes entstehen.

Verklebte Augen: Sind beide Augen geschwollen, verklebt oder tränen sie stark, weist das auf eine Infektion hin. Reinigen Sie verklebte Augen vorsichtig mit abgekochtem handwarmen Wasser oder isotonischer Kochsalzlösung aus der Apotheke und einem Kosmetiktuch. Verwenden Sie keine Watte oder Teeaufgüsse. Fussel und Schwebstoffe reizen die Augen. Kamille trocknet die Augen aus.

Augenveränderungen: Eine einseitige Augenveränderung ist häufig auf Fremdkörper im Auge zurückzuführen. Es könnte auch ein Hinweis auf eine Backentaschenverletzung sein. Beidseitige Augentrübungen weisen auf Diabetes hin.

Verklebte Nase und Niesen: Schorf, verklebte Stellen an der Nase, häufiges Niesen, pfeifendes oder rasselndes Atemgeräusch oder eine starke Flankenatmung weisen auf eine Erkältungskrankheit hin.

Durchfall: Ist der Kot weich, breiartig oder gar flüssig, hat der Zwerg massive Darmprobleme. Ist der After sogar verklebt, und kommt es zu einer stärkeren Geruchsentwicklung, ist unverzüglich ein Tierarzt aufzusuchen! Durchfall wird häufig durch falsche Ernährung (schnelle Futterumstellung, verdorbenes Futter, ungewohntes Grünfutter in großen Mengen) hervorgerufen. Colibakterien und Infektionen mit anderen Keimen können Durchfall verursachen. Während einer Durchfallerkrankung muss das Gehege gründlich gereinigt werden, auch wenn das den Hamster stresst. Die Keime müssen entfernt werden.

Scheidenausfluss: Ein feuchter, verklebter oder unangenehm riechender Genitalbereich beim Weibchen weist auf eine Gebärmutterinfektion hin. Ein weiteres Krankheitszeichen sind hier Futterverweigerung, Schmerzempfindlichkeit und Umfangsvermehrung am Bauch.

Während der Empfängnisbereitschaft des Weibchens fließt ein durchsichtiger Schleim aus der Scheide. Dieser kann am folgenden Tag dicklich, zäh und gelblich sein und wird bei flüchtiger Betrachtung mit Eiter verwechselt. Er ist aber unbedenklich.

Inaktivität: Wenn der Hamster nicht mehr seinen üblichen Aktivitäten nachgeht, er eventuell stark zittert oder beim Laufen schwankt, sind das ernsthafte Krankheitszeichen. Es könnte sich um eine Infektion, einen Hitzschlag oder sogar um einen Schlaganfall handeln.

Verletzungen: Brüche oder Stauchungen durch Stürze oder falsche Käfigeinrichtung sind nicht selten. Auch hier kommt es zu Inaktivität oder zu einem veränderten Bewegungsablauf, das Tier hinkt oder läuft langsam. Bisswunden sind bei Tieren in Gruppenhaltung ebenfalls häufiger anzutreffen. Sie müssen unverzüglich von einem Tierarzt desinfiziert und behandelt werden. Es kann ebenfalls dazu kommen, dass Hamster sich an vorstehenden Nägeln, Zweigen oder kaputten Einrichtungsgegenständen Verletzungen zuziehen.

Gesteigerter Durst: Vermehrte Flüssigkeitsaufnahme und häufigeres Urinieren können durch Diabetes, Blasen- oder Niereninfektionen sowie durch Durchfall und Infektionen der Atemwege verursacht werden.

Wucherungen: Unter dem Fell sind harte Stellen, Beulen, Wucherungen oder Knoten zu ertasten? Wucherungen können unbehandelt lebensbedrohlich werden. Aber nicht immer muss es sich bei einer Wucherung gleich um einen gefährlichen Krebstumor handeln. Es gibt auch harmlose Grützbeutel (Atherome), die entleert werden können, harmlose Fettwucherungen (Lipome) oder Abszesse. Viele Wucherungen können im Frühstadium vom Tierarzt entfernt oder behandelt werden. Deshalb ist nach dem Entdecken einer Wucherung schnell ein Tierarzt aufzusuchen.

Zahnprobleme: Nagt der Zwerg aufgrund einer Krankheit zu wenig, nutzen sich die Schneidezähne nicht ab und werden zu lang. Ist ein Schneidezahn abgebrochen, könnten die Zähne schief nachwachsen. In diesen Fällen sollten die Zähne vom Tierarzt durch Abschleifen korrigiert werden.

Der Tierarztbesuch

Damit der Tierarztbesuch für den Zwerghamster und den Halter mit möglichst wenig Stress verbunden ist, sollte er gut geplant werden.

Vorher: Erkundigen Sie sich direkt nach dem Einzug Ihres Zwerghamsters nach Tierarztpraxen mit Hamstererfahrung. Idealerweise findet der Tierarztbesuch während der Aktivitätszei-

Vermehrtes Trinken kann auf Diabetes oder Nierenerkrankungen hinweisen.

Ist der Hamster inaktiv, sehr müde und lustlos, sollte ein Tierarzt aufgesucht werden.

ten des Hamsters in den frühen Morgen- oder späten Abendstunden statt. Eine mit Einstreu aus dem Gehege ausgepolsterte Transportbox leistet hier wieder gute Dienste. Wenn genug Platz ist, darf das Wohnhaus samt Nest mit in die Box und natürlich etwas Trockenfutter und ein Stück Saftfutter. Achten Sie darauf, dass der Hamster im Winter in der Box nicht auskühlt und im Sommer nicht überhitzt. Fahren Sie direkt zum Arzt, ohne Umwege, und lassen Sie das Tier niemals unbeaufsichtigt im Auto.

Beim Tierarzt: Verständlicherweise steht man als Tierfreund sehr unter Stress, wenn der kleine Hamster krank ist. Um keine Informationen zu vergessen, ist es sinnvoll, vor dem Tierarztbesuch alles, was Sie dem Tierarzt mitteilen wollen, auf einem Zettel zu notieren. Schreiben Sie Alter, Gewicht, Vorerkrankungen und bisherige Medikationen auf. Notieren Sie auch genau, welche Beobachtungen am Hamster zu dem Tierarztbesuch führten. Sagen Sie ihm ehrlich, welche Behandlungsversuche Sie selbst schon unternommen haben.

Der Tierarzt untersucht den Hamster vorsichtig. Er wird ihn mit dem Stethoskop abhören und ihn abtasten und, falls nötig, Proben entnehmen und in das Labor schicken.

Nach der Untersuchung: Abschließend wird der Tierarzt eine Diagnose stellen und Ihnen Medikamente und weitere Anweisungen geben. Nicht immer drücken sich Tierärzte für den Laien verständlich aus. Ein guter Tierarzt erklärt Ihnen auf Nachfrage die Diagnose gern näher. Wenn er dem Tier Medikamente verabreicht, lassen Sie sich die Namen der Medikamente und die Dosierungen aufschreiben. Dies könnte lebenswichtig sein, falls es zu einer Notsituation kommt und Sie einen Nottierarzt aufsuchen müssen. Diesem müssen Sie unbedingt mitteilen können, was bisher unternommen wurde. Fragen Sie genau nach, wie die Medikamente wirken sollen, wie der weitere Verlauf der Krankheit aussehen

82 Liebevoll umsorgt

könnte, wann Sie vielleicht wieder in die Praxis kommen müssen. Fragen Sie auch danach, welche Pflegemaßnahmen, wie z. B. spezielle Fütterung oder Wärmezufuhr, Sie selbst ergreifen müssen und wie diese durchzuführen sind. Erst wenn Sie ganz genau wissen, was jetzt auf Sie zukommt und wie Sie weiter handeln müssen, beenden Sie den Tierarztbesuch.

MEDIKAMENTENGABE

Nur selten nehmen Zwerghamster ihre Medikamente freiwillig. Testen Sie deshalb schon vorab, was Ihr Zwerg mag und mischen Sie dann die zerriebenen Tabletten oder die Tropfen darunter. Zum Zerreiben von Tabletten eignen sich zwei Teelöffel, in den unteren wird die Tablette gelegt und der zweite Löffel wird nun zum Zerquetschen der Tablette verwendet. Gut geeignet zum Verabreichen von Medikamenten sind Leckerchen, die der Hamster sonst nicht bekommt, beispielsweise ein Klecks Früchtemus, Gemüsebrei, Babybrei, Päppelbrei (siehe rechte Seite), Nussbrei. Joghurt oder Quark eignen sich nicht für die Gabe von Antibiotika, dürfen aber sonst gern verwendet werden. Nimmt der Zwerghamster seine Medizin auch mit diesem Trick nicht freiwillig, dann lösen Sie das Medikament in etwas Tee auf und geben Sie es langsam und tropfenweise direkt ins Mäulchen. Fixieren Sie dazu den Zwerghamster in der Hand, indem Sie Zeige- und Mittelfinger um seinen Hals und seine Vorderbeinchen legen, Daumen, Ringfinger und kleiner Finger fixieren die Flanken und Hinterbeinchen. So können Sie das Tier bequem auf einen Tisch setzen und von vorne das Medikament eingeben. Halten Sie den Hamster nicht senkrecht, und legen Sie ihn auf keinen Fall auf

Medikamentengabe mal ganz einfach.

> ### Operation
> **Muss der Zwerghamster operiert werden, treffen Sie folgende Maßnahmen:**
> - Richten Sie schon vor der OP den Krankenkäfig an einem ruhigen Ort mit Taschentüchern und einem Häuschen ein.
> - Bieten Sie durchgehend Futter an und stellen Sie Päppelbrei und Wasser direkt neben das Haus.
> - Bis zum Aufwachen lagern Sie den frisch operierten Hamster auf einem handwarmen Wärmekissen.
> - Erst wenn das Tier ganz munter und die Wunde verschlossen ist, darf es zurück in sein Gehege.

den Rücken, um die Medikamente zu verabreichen, das Tier könnte sich dabei verschlucken und massive Atemwegsbeschwerden bekommen. Auf diese Weise können Sie auch Päppelbrei verabreichen.

Geben Sie keine Medikamente über das Trinkwasser. Eine genaue Dosierung ist so nicht möglich, und es wird entweder zu viel oder zu wenig Wirkstoff aufgenommen.

Wenn Sie Salben/Tinkturen auftragen müs-

Pflege und Gesundheitsvorsorge **83**

sen, versuchen Sie, den Zwerghamster hinterher noch lange auf dem Schoss zu behalten oder ihn im Auslauf mit Spielen abzulenken, um ein sofortiges Ablecken zu verhindern.

Zwerge gesund pflegen

Die Medikamente für unseren kleinen Patienten bekommen Sie vom Tierarzt, die Pflege des kranken Hamsters liegt in Ihren Händen.

Krankengerechtes Futter: Bei vielen Erkrankungen bedarf es einer speziellen Diät. Liegt eine Darmerkrankung mit Durchfall vor, sollte vorübergehend kein Blattgemüse oder Grünfutter von der Wiese angeboten werden. Kleine Stückchen Möhre, Fenchelknolle oder auch Reibeapfel können appetitanregend wirken. Wurde Diabetes diagnostiziert, geben Sie kein Obst mehr, auf zuckerhaltige Leckerchen sollte ohnehin verzichtet werden. Bieten Sie mehr wasserhaltiges Frischfutter an, damit der Zwerghamster mehr Flüssigkeit zu sich nimmt, und achten Sie auf ständige Verfügbarkeit von frischem Wasser in mehreren Näpfen.

Päppelbrei

Die Grundlage für einen Päppelbrei können fertige Päppelbreie vom Tierarzt, aus dem Zoofachhandel oder auch Schmelzflocken, Getreideflocken oder fein gemahlenes Trockenfutter sein. Mischen Sie je nach Geschmack verschiedene Babybreie mit Vollkorn, Früchten, Joghurt, Gemüse oder gemahlenen Nüssen dazu. Damit der Brei zum Päppeln dünnflüssiger wird, können Sie ihn mit Kamillen-, Fenchel- oder Hagebuttentee anrühren.

Päppelbrei schlabbern manche Zwerge gern selbst vom Löffel.

Päppeln: Kranke Zwerge können nicht immer selbstständig Nahrung aufnehmen. Bieten Sie dem Zwerghamster auf einem flachen Teller-

chen Päppelbrei an. Nimmt er diesen nicht freiwillig, versuchen Sie, ihm das Futter tropfenweise mit einer nadellosen Spritze einzuflößen. Achten Sie darauf, immer nur einen Tropfen zu geben und das Tier dann in Ruhe schlucken und atmen zu lassen, sonst könnte es sich verschlucken, und das kann schwerwiegende Folgen haben. Geben Sie dem Tier auf keinen Fall zu viel Brei auf einmal, das könnte zu einer schweren Magenüberladung führen. 0,3 ml pro Mahlzeit sollten nicht überschritten werden.

Flüssigkeit: Kranke Hamster nehmen häufig zu wenig Flüssigkeit zu sich. Achten Sie darauf, dass der Hamster genug trinkt, und bieten Sie ihm immer wieder mit einer Pipette oder einer nadellosen Spritze Wasser oder Kräutertee an. Geben Sie ihm im Notfall die Flüssigkeit tropfenweise, immer mit Pausen, damit er atmen kann, direkt ins Maul. Falls der Hamster stark austrocknet, seine Augen eingefallen sind und er trotzdem nicht trinken will, fragen Sie Ihren Tierarzt nach einer Infusion.

Vorsichtsmaßnahmen: Einige Erkrankungen wie Pilzbefall, manche Parasiten, Bakterien und Viruserkrankungen wie LCM (Lymphozytäre Choriomeningitis) sind auch für Menschen ansteckend, deshalb sollten Sie sich nach jedem Kontakt mit dem kranken Hamster die Hände gründlich waschen. Kinder dürfen keinen Kontakt mit einem erkrankten Hamster haben. Reinigen Sie das Gehege des Hamsters in so einem Fall gründlich und entsorgen Sie alle Einrichtungsgegenstände, die nicht mit kochendem Wasser abgewaschen, im Ofen bei 100 °C ausgebacken oder sicher desinfiziert werden können.

Moppelchen nimmt seinem Halter die Diät sehr übel, aber da muss er durch.

Pflege und Gesundheitsvorsorge **85**

Dieser Robo-Senior genießt das Rentnerdasein.

ZWERGHAMSTER IM SENIORENALTER

Wenn der Zwerghamster älter wird, verändert er sich langsam. Das Fell wird etwas struppiger, manche Zwerghamster haben einen leichten Fellverlust an den Flanken und am Kopf. Der Hamster wird langsamer, inaktiver und läuft nicht mehr so viel im Rad. Er geht hochbeiniger und der Rücken wirkt etwas krumm. Häufig kommt es auch zu einem langsamen Gewichtsverlust und eingefallenen Flanken. Richten Sie das Gehege altersgerecht ein, verzichten Sie auf hohe Etagen, steile Rampen und neue Einrichtungsgegenstände. Stellen Sie Futter und Wasser direkt neben sein Häuschen.

Ob der Zwerghamster allerdings diese gesundheitlichen Probleme aufgrund seines Alters oder durch eine behandelbare Erkrankung hat, kann ein Tierhalter nicht erkennen. Deshalb muss auch ein alter Hamster bei solchen Krankheitszeichen einem Tierarzt vorgestellt werden.

ABSCHIED

Wenn der Hamster eines Tages keine Nahrung und keine Flüssigkeit mehr zu sich nimmt und sein Nest nicht mehr verlässt, müssen Sie handeln. Es wäre nicht richtig abzuwarten, bis das Tier von selbst stirbt, denn es dauert lange, bis so ein Tierchen verhungert und verdurstet, und das ist ein langes und unnötiges Leiden. In freier Wildbahn würde so ein Hamsterchen nicht so alt werden wie bei uns in guter Pflege. Das Einschläfern ist der letzte Freundschaftsdienst, den Sie Ihrem Zwerghamster dann erweisen können.

Zwerghamster-Kinderstube

Der Wunsch nach süßen Zwerghamsterbabys ist durchaus verständlich. Es macht Spaß, die Kleinen heranwachsen und umhertollen zu sehen. Allerdings ist das nur ein sehr kurzes Vergnügen, nach wenigen Wochen sind die Jungen ausgewachsen und müssen dann in ein neues Zuhause ziehen.

1+1=90

Hält man dauerhaft ein Paar Zwerghamster zusammen, werden sie wahrscheinlich das ganze Jahr über Junge großziehen. Die Tragzeit dauert maximal 22 Tage, und kurz nach der Geburt wird das Weibchen wieder gedeckt. Bei einer Wurfgröße von 2–7 Jungen kann ein einziges Zwerghamsterpaar also im Jahr gut 90 Junge bekommen. Für einen Laien ist es unmöglich, so viele Zwerghamster in gute Hände zu vermitteln, die meisten Zoogeschäfte nehmen keine Jungtiere von Privat an und niemand möchte wohl „seine Babys" überhaupt einfach im Geschäft abgeben oder sie gar an fremde Menschen verschenken.

NUR EINMAL NACHWUCHS?

Zwerghamster sind nicht leicht zu vergesellschaften, und selbst wenn das Weibchen gerade paarungsbereit ist, nimmt sie nicht jeden Bock an. Bei dem Versuch, fremde Tiere zur Paarung zusammenzubringen, können sich diese massiv bekämpfen und verletzen. Manche Rassen und Arten dürfen nicht verpaart werden. Werden Campbells und Dsungaren ver-

Wenn ein Pärchen sich so gut versteht, dann sind die Babys bald unterwegs.

paart, ist der Nachwuchs häufig krank oder behindert (siehe Hybriden S. 12). Beide Elternteile müssen nach dem Deckakt in getrennten Gehegen untergebracht werden. Natürlich ist es auch nicht leicht, für alle Jungen gleich ein gutes Zuhause zu finden. Auch sie benötigen

Erst zwei Wochen alt und schon emsig am Futtersammeln.

tiergerechte Gehege. Nur wenn all das wirklich bedacht wurde und genug Geld für die Versorgung und Unterbringung so vieler Tiere dauerhaft wirklich vorhanden ist, darf überhaupt über Nachwuchs nachgedacht werden.

Zucht

Wer Zwerghamster züchten möchte, sollte diese schon lange Zeit als Heimtiere halten, um ihr Verhalten kennenzulernen. Nur so kann man die Gesundheit seiner Zuchttiere gut beurteilen. Es ist nötig, sich vorab intensiv mit der speziellen Zwerghamstergenetik, Rassen, Arten und Farben zu befassen. Alle Zwerghamsterarten stellen verschiedene Ansprüche an ihre Partner und Aufzuchtgehege. Es ist also viel Fachwissen nötig, um Züchter zu werden. Dieses kann in einem Buch für Anfänger wie diesem hier natürlich nicht vermittelt werden.

Verpaarung: Wenn Sie zwei geschlechtsreife Tiere zur Paarung zusammenbringen möchten, dann geben Sie die Tiere in ein neutrales Gehege. Beobachten Sie die Zwerghamster gut. Vertragen sie sich oder gibt es nur sehr kurze Rangeleien, dann lassen Sie die Tiere zusammen, und es wird bald zur Paarung kommen. Vertragen sich die Tiere nicht, fauchen Sie sich an, kämpfen sie und beißen sie sich, dann müssen die Zwerghamster sofort wieder getrennt werden. Ein weiterer Versuch kann nach zwei Tagen unternommen werden. Klappt es auch dann nicht, ist von einem weiteren Versuch dringend abzuraten.

Wenn das Weibchen paarungsbereit ist, wird sie beim Laufen häufiger stehen bleiben und ihr Schwänzchen anheben und dem Bock erlauben aufzureiten. Nach dem erfolgreichen Deckakt wird das Weibchen den Bock meist aus ihrem Revier vertreiben, und er muss wieder in sein eigenes Reich ziehen. Trennen Sie die Tiere

Zwerghamsterpaar bei der gemeinsamen Futtersuche.

auf jeden Fall lange vor der Geburt, denn das Weibchen kann wenige Stunden nach der Geburt nachgedeckt werden!

Tragzeit: Trächtige Weibchen zeigen nur durch eine kleine Umfangsvermehrung ihren Zustand an. Nur selten ist auch am veränderten Verhalten eine Trächtigkeit zu erkennen. Das Weibchen hamstert mehr, sie baut ein geräumiges Wurfnest und frisst etwas mehr. Bieten Sie dem trächtigen und säugenden Weibchen täglich zusätzliches Eiweißfutter und mehr Trockenfutter an, um Mangelerscheinungen vorzubeugen.

Geburt und Aufzucht: Als Aufzuchtsgehege eignen sich nur Becken, da die Jungen durch die Gitterstäbe normaler Käfige leicht ausbüchsen können. Das Haus für die Jungenaufzucht muss über einen abnehmbaren Deckel verfügen, damit das Nest leicht kontrolliert werden kann. Die junge Hamstermutter benötigt nun auf jeden Fall viel mehr weiches Nistmaterial. Auf keinen Fall Hamsterwatte (siehe S. 40).

Die Geburt findet häufig in den Morgenstunden statt. Im Sitzen wird jedes Baby in Empfang genommen, abgenabelt und sauber geleckt. Das kräftige Ablecken der Jungen hat

Tragzeiten und Wurfgröße

Art	Tragzeit	Wurfgröße	max. Welpenzahl
Dsungarische Zwerghamster	19–23 Tage	4–7	10
Campbell-Zwerghamster	17–20 Tage	4–6	7
Roborowski-Zwerghamster	19–22 Tage	3–5	7
Chinesische Zwergnhamster	20–22 Tage	5–7	12

mehrere Gründe. Die Jungen werden gesäubert, ihr Kreislauf wird angeregt, Mutter und Kind nehmen eine Bindung auf, und die Mutter nimmt den Geruch des Jungen auf und prägt ihn sich ein. Die Eihaut sowie die Nachgeburt werden von der Mutter gefressen. Durch das Fressen der Nachgeburt wird der Milchfluss bei der Mutter angeregt.

Die Jungtiere stoßen beim Abnabeln einen kurzen Schrei aus. Schreit eines nicht, frisst die Mutter nicht nur die Nachgeburt, sondern auch das nicht lebensfähige Junge. Wird das Weibchen bei der Geburt gestört, kann dieser Stress ebenfalls dazu führen, dass sie ihre Jungen auffrisst. Das mag uns grausam erscheinen. Für sie ist das aber normal, denn damit hält sie das Nest sauber und nimmt benötigte Nährstoffe für eine spätere Jungenaufzucht wieder auf.

GESCHLECHTSBESTIMMUNG

Bei Jungtieren wird das Geschlecht beim direkten Vergleich deutlich. Böckchen zeigen einen deutlichen Hodenansatz, Afteröffnung und Geschlechtsöffnung liegen etwas weiter auseinander als bei Weibchen. Weibchen haben zwei Reihen Zitzen und ihr Scheidenausgang ist als kleiner Punkt zu erkennen. Böcke haben ein spitz zulaufendes Hinterteil, bei Weibchen ist der Po eher rund und das Becken etwas breiter. Bei ausgewachsenen Zwerghamstern sind beim Bock die Hoden deutlich zu erkennen. Robos zeigen allerdings ihre Hoden kaum.

Sind die Hamster ausgewachsen, ist es wesentlich leichter, sie zu unterscheiden. Dsungaren und Campbell-Zwerghamster haben klar erkennbare Hoden, die im Sommer zur Kühlung mitunter sehr stark anschwellen. Chinesische Zwerghamster haben sehr große, weit wegstehende Hoden, die nicht zu übersehen sind. Nur bei Robos bleibt die Geschlechtsbestimmung schwer, sie zeigen ihre Hoden nicht so deutlich.

Campbell-Babys: Erst wenige Tage alt und schon ist der Aalstrich zu erkennen.

Kleine Zwerghamster erobern die Welt

In den ersten Tagen nach der Geburt sind die Jungen nicht zu sehen. Nackt und mit geschlossenen Augen liegen sie im Nest und werden von der Mutter gesäugt und gewärmt.

Nur durch ein leises Fiepen aus dem Nest erfährt der Halter, dass seine Hamsterin Mutter geworden ist. Die Kleinen wiegen bei der Geburt häufig nur ein bis zwei Gramm, in den nächsten Tagen werden sie aber schnell zunehmen. Das Gehege darf erst wieder gereinigt werden, wenn die Jungen schon munter umherlaufen, sonst ist die Mutter stark gestresst. Fassen Sie auch die Jungen auf keinen Fall an, das könnte die Mutter so sehr stören, dass sie die Jungen dann nicht mehr annimmt.

In der ersten Woche machen die Jungen eine rasante Veränderung durch. Ab dem zweiten Tag wird die Pigmentierung der Haut sichtbar. Nach vier Tagen löst sich die Ohrmuschel und die Jungen können hören. Sie rufen ihre Mutter im Ultraschallbereich, wenn diese das Nest verlässt. Das Fell fängt nach fünf Tagen an, sichtbar zu wachsen und der Aalstrich wird erkennbar.

Mit acht Tagen sind Ohren und Zehen der kleinen Zwerge fertig. Die Mutter bringt feste Nahrung ins Nest. Achten Sie darauf, dass viele verschiedene Futtersorten zur Verfügung stehen, denn die Mutter bringt in der Zeit ihren Jungen bei, was sie fressen können. Diese frühe Prägung an verschiedene Futtermittel ist sehr wichtig für die Zwerghamster. Schon mit dem Geschmack ihrer Muttermilch lernen die Jungen manche Futtersorten kennen.

Mit zehn Tagen wuseln die Racker schon emsig durch ihr Nest, und die Mutter muss sie häufig einsammeln und zurückbringen. Sie trägt dabei die Jungen im Maul – diese verhalten sich still, sobald die Mutter sie am Nacken packt. Ihr Fell ist am Rücken fast völlig ausgebildet. Mit zwei Wochen sind die Augen offen, die Jungen putzen sich selbstständig und füllen und entleeren ihre Backentaschen. Ihr Fell wird dichter und sie tollen im ganzen Gehege herum.

Bis zum Ende der dritten Woche werden die Jungen von der Mutter gesäugt. Dann werden die Kinder selbstständig und suchen sich ihr Futter im Gehege. In freier Wildbahn verlässt die Mutter ihre Jungen, wenn diese etwa vier Wochen alt sind. Die Jungen bleiben allein im Bau zurück. Schon mit etwa 40 Tagen können sie dann selbst neue Familien gründen. Frühreife Tierchen fangen allerdings schon mit 30 Tagen an, sich intensiv zu besteigen. Dann kann es im Ausnahmefall auch schon zu Trächtigkeiten kommen, weshalb die Tiere rechtzeitig nach Geschlecht getrennt werden müssen!

Nützliche Adressen

- **Nager Info**
  Mail: info@nager-info.de
  www.nager-info.de
- **Bundesarbeitsgruppe Kleinsäuger e. V. im Schulzoo-Leipzig e. V.**
  Binzer Straße 14, 04207 Leipzig
  Telefon/Fax: 03 41/9 40 37 77
  Mail: bag@schulzoo.de
  www.bag-kleinsaeuger.de
- **Tierärztliche Vereinigung für Tierschutz e. V. (TVT)**
  Bramscher Alle 5, 49565 Bramsche
  www.tierschutz-tvt.de

Bücher und Zeitschriften

- Kleinsäugerfachmagazin **Rodentia**
- Ewringmann, Anja u. Glöckner, Barbara: **Leitsymptome bei Hamster, Ratte, Maus und Rennmaus – Diagnostischer Leitfaden und Therapi**e. Enke Verlag 2014
- Flint, Wladimier E.: **Die Zwerghamster der Paläarktischen Fauna.** Neue Brehm Bücherei A. Ziemsen Verlag 2006
- Honigs, Sandra: **Zwerghamster – Biologie, Haltung, Zucht.** NTV-Verlag 2010
- Kremer, P.: **Steinbachs großer Pflanzenführer – Blumen, Sträucher, Bäume.** Verlag Eugen Ulmer 2016
- Petra Dietz und Eva-Grit Schneider: **Mein Zwerghamster zu Hause.** Verlag Eugen Ulmer 2016

Klicks im Internet

INTERESSANTE INFOS

- **www.hamsterhaltung.de**
  Ausführliche Informationen zu allen Hamsterarten, die als Heimtiere gehalten werden.
- **www.rodenti-forschung.de**
  Eine Seite über die Erforschung von Zwerghamstern in freier Wildbahn
- **www.hamster-ratgeber.de**
  Viele Hintergrundinformationen zu Empfehlungen in der Hamsterhaltung
- **http://zwerghamster.de/**
  Informationen zur Haltung und zu Zwerghamstern in der Wildnis
- **www.hamsterinfo.de**
  Informationen zur Haltung, Ernährung, Zucht und Eigenschaften von Zwerghamstern
- **www.giftpflanzen.ch**
  Giftpflanzeninfo der Universität Zürich

TIERSCHUTZ UND NOTFALLTIERE

- **www.hamsterhilfe-nrw.de**
  Hamsterhilfe NRW e. V.
- **www.tierschutz-tvt.de**
  Tierärztliche Vereinigung für Tierschutz
- **www.tierschutzvereine.de**
  Verzeichnis von Tierschutzvereinen und -heimen

Die Autorin

Christine Wilde ist Expertin auf dem Gebiet der Nagerhaltung und hat im Jahr 2000 die Homepage der Nager-Info ins Leben gerufen mit dem Ziel, die Haltung und das Verständnis für Kleinsäuger zu verbessern. Sie beherbergt selbst Zwerghamster und andere Nager und kann aus eigener Erfahrung aus dem Leben der Tiere berichten.

Dank der Autorin

Mein Dank gilt Georg Leithold, der seine Forschungsergebnisse aus der Mongolei mit mir teilte. Dr. rer. nat. Stefan Schumacher für fachliche Beratung. Frau Dipl.-Agr.-Biol. Antje Springorum, Kathrin Gutmann und Bettina Brinkmann vom Ulmer Verlag für die freundliche Zusammenarbeit. Heike Schmidt-Röger, Gabi Desch, Tina Langen und Patricia Notthoff für das Lektorat und viele tolle Anregungen. Rodipet (www.rodipet.de) und Hamster Wohnwelt (www.hamster-wohnwelt.de) für das Bereitstellen von Zubehör und Fotografien. Den Fotografen Ulrike Schanz, Georg Leithold, Patricia Notthoff, Andrea Probst für die Zwerghamsterfotos. Meinem Ehemann, weil ohne sein Verständnis für meine Tierliebe vieles nicht möglich wäre. Und natürlich meinen Zwerghamstern, die mir täglich neue Rätsel aufgeben, jede Menge Unfug machen und mein Leben spannender gestalten.

BILDNACHWEIS

Alle Fotos auf dem Umschlag sowie im Innenteil stammen von **Ulrike Schanz**, München, außer den folgenden: **Leithold, Georg:** S. 11, 21, 27, 30, vordere Umschlagseite (innen, linke Seite, links); **mauritius images:** S. 25, 86; **Merinja, Gosia:** S. 13, vordere Umschlagseite (innen, linke Seite, rechts); **Notthoff, Patricia:** S. 12, 64, 70, 73; **Probst, Andrea:** S. 29 (beide), 32 (beide), 38, 40, 41, 44, 49 (alle), 50, 58, 69 unten, 74, 82, hintere Umschlagseite (innen, linke Seite, links); **Wilde, Christine:** S. 31, 34, 85, hintere Umschlagseite (innen, linke Seite, rechts)

Schnell nachgeschlagen

A
Aquarien 28, 41
Arten 11f.
Augen 7, 79
Auslauf 57f.
Auswahl 20

B
Backentaschen 6, 78
Basteln 46f.
Blätter 40, 67
Buddelkiste 37, 40, 44, 59

C
Campbell-Zwerghamster 13, 37, 63
Chinesischer Zwerghamster 15, 37, 63

D
Diabetes 67, 78
Dsungarischer Zwerghamster 11, 37, 63
Durchfall 79

E
Eigenbau 30f.
Einfangen 61
Einrichtung 40f.
Einschläfern 85
Einstreu 36f.
Eiweißfutter 65, 68
Etagen 40

F
Farben 6
Fellveränderungen 79
Futter 57, 63f.
Futter mischen 64

G
Geburt 89
Gehege 27
Gehegereinigung 73
Gehegestruktur 44
Gemüse 65, 66
Geschlecht 90
Gesundheitscheck 75
Gesundheitsvorsorge 75
Gewicht 11, 13, 14, 15, 75
Gitterdeckel 31
Gitterkäfig 28, 41
Gras 66, 71
Gruppenhaltung 22

H
Häuschen 41
Hochnehmen 55
Hoden 15
Hölzer 33, 68
Hybriden 12

J
Joggingbälle 61
Jungenentwicklung 91

K
Kinder 18
Keksrezept 70
Kleber, Klebstoff 35
Krallen 74
Krankheiten 77
Kräuter 67

L
Labyrinthe 37, 42
Laufrad 42f.
Laufteller 43

M
Markieren 56
Materialkunde 33
Medikamente eingeben 83

N
Nachwuchs 87
Nagen 5, 56
Nase 8, 9
Nistmaterial 39
Nüsse 65

O
Obst 67
Ohren 7
Operation 82

P
Päppeln 83
Pappe 47
Pflege 73f.

R
Rezept Futtermischung 65
Roborowski-Zwerghamster 14, 37

S
Sandbad 45
Sauberkeit 73, 76
Seniorenalter 85
Sommerhitze 50f.
Spielsachen 45, 58, 70
Standort 33

T
Terrarien 29
Tierarzt 80
Tierschutz 20
Transport 51
Transportbox 21
Trockenfutter 63

U
Umgangsregeln 54
Umzug 53
Urlaub 17, 74

V
Verhalten 55
Volieren 28

W
Wasser 69
Wiese 67, 71
Wildlife 5
Wühlen 9

Z
Zähne 76
Zucht 21, 88
Zweige 64

Impressum

Die in diesem Buch enthaltenen Empfehlungen und Angaben sind von der Autorin mit größter Sorgfalt zusammengestellt und geprüft worden. Eine Garantie für die Richtigkeit der Angaben kann aber nicht gegeben werden. Autorin und Verlag übernehmen keine Haftung für Schäden und Unfälle. Bitte setzen Sie bei der Anwendung der in diesem Buch enthaltenen Empfehlungen Ihr persönliches Urteilsvermögen ein.
Der Verlag Eugen Ulmer ist nicht verantwortlich für die Inhalte der im Buch genannten Websites.

Bibliografische Information der Deutschen Nationalbibliothek
Die Deutsche Nationalbibliothek verzeichnet diese Publikation in der Deutschen Nationalbibliografie; detaillierte bibliografische Daten sind im Internet über http://dnb.d-nb.de abrufbar.

Das Werk einschließlich aller seiner Teile ist urheberrechtlich geschützt. Jede Verwertung außerhalb der engen Grenzen des Urheberrechtsgesetzes ist ohne Zustimmung des Verlages unzulässig und strafbar. Das gilt insbesondere für Vervielfältigungen, Übersetzungen, Mikroverfilmungen und die Einspeicherung und Verarbeitung in elektronischen Systemen.

© 2018 Eugen Ulmer KG
Wollgrasweg 41, 70599 Stuttgart (Hohenheim)
E-Mail: info@ulmer.de
Internet: www.ulmer-verlag.de
Lektorat: Kathrin Gutmann
Herstellung: Ulla Stammel
Umschlag-Konzeption: Ruska, Martín, Associates GmbH, Berlin
Umschlag-Gestaltung: red.sign, Anette Vogt, Stuttgart
Satz: red.sign, Susanne Junker, Stuttgart
Druck und Bindung: Westermann Druck Zwickau GmbH, Zwickau
Printed in Germany

ISBN 978-3-8186-0355-7